Sandelholz und Nelken, Rindergalle und ein wenig Alkohol

Wie Großmutter Kleidung und Wäsche pflegte

Neff

NEFF ist ein Imprint der
VPM Verlagsunion Pabel Moewig KG, Rastatt
© by Monika Pilsl, Lustenau/Austria, und
VPM Verlagsunion Pabel Moewig KG, Rastatt
Alle Rechte vorbehalten
Umschlaggestaltung: Werbeagentur Zeuner, Ettlingen
Printed in Germany
ISBN 3-8118-5776-2

Inhalt

Vorwort

Erfahrungen, Ratschläge und Tips zur Selbsthilfe, die über Generationen gesammelt und überliefert worden sind, ergeben eine Fundgrube, die in keinem Haushalt fehlen sollte. WIE GROSSMUTTER KLEIDUNG UND WÄSCHE PFLEGTE ist ein solcher wahrer Hausschatz von Erfahrungen, die Großmütter in den letzten 100 Jahren an ihre Kinder und Enkelkinder weitergegeben haben.

Auf die meisten dieser Ratschläge kam man einst durch Zufall oder Ausprobieren, und dann wurde das Gelernte an die nächste Generation weitergereicht. Manches war seitdem verschollen, wurde vergessen oder nicht mehr als „zeitgemäß" genug empfunden. Aber gerade in unserer heutigen Zeit beginnt man sich wieder dieser altbewährten, einfachen und umweltfreundlichen Problemlösungen zu besinnen. Nicht alles läßt sich in jedem Haushalt verwirklichen; deshalb bietet dieser praktische Ratgeber für diverse tägliche Probleme verschiedene Lösungen an. Manche Ratschläge gehen um Generationen zurück, andere stammen aus neuester Zeit von „modernen" Großmüttern.

Gepflegt und adrett mußten Wäsche und Kleidung bei der Großmutter sein. Hunderte von Tips und Ratschlägen enthält unser Band zu diesem Themenkreis. Richtige und natürliche Wäschepflege macht jedes Kleidungsstück angenehmer beim Tragen auf der Haut. Außerdem wird so die Wäsche geschont und bleibt länger ansehnlich. Auch die *richtige Aufbewahrung ist wichtig, einschließlich der Vertreibung der wenig willkommenen Motten. Großmutters Flecken-ABC ist ein wichtiger Bestandteil von Großmutters Tips für die richtige Pflege der Kleidung.*

Großmutters Ratschläge für Schuhe und Strümpfe

☞ *Strümpfe halten länger*, wenn sie vor dem ersten Gebrauch in kaltem Wasser gewaschen werden.

☞ *Wenn Sie Strumpfhosen jeden Abend auswaschen und in ein Handtuch wickeln*, haben Sie jeden Morgen frische Strümpfe.

☞ *Neue Strumpfhosen halten länger*, wenn sie erst eingefroren werden. Dazu das zarte Stück ganz naß machen, vorsichtig auswringen, in eine Plastiktüte geben und einige Zeit ins Gefrierfach legen. Dann in der Badewanne auftauen und zum Trocknen aufhängen.

☞ *Strümpfe hängt man zum Trocknen an der Spitze auf*, da sie sonst häßliche Druckstellen durch die Klammern erhalten.

☞ *Laufmaschen in Strumpfhosen vermeiden Sie*, wenn Sie eine Sohle aus Samt in die Schuhe legen.

☞ *Laufmaschen, die unterwegs entstehen*, sind oft sehr unangenehm. Um ein Weiterlaufen der Laufmasche zu verhindern, sollten Sie in Ihrer Handtasche ein Stückchen Seife bereithalten. Man feuchtet die Seife an und bestreicht die schadhafte Stelle am Strumpf damit. Die Masche läuft dann nicht weiter, und man kann zu Hause den Schaden reparieren.

☞ *Weiche und reißfeste Feinstrumpfhosen bekommen Sie, indem Sie die Strumpfhose mit Haarshampoo waschen*; einwirken lassen und gut ausspülen.

☞ *Schönen Glanz in Strumpfhosen* bekommen Sie durch die Zugabe von einem Schuß *E s s i g* im Spülwasser.

☞ *Strümpfe* werden erst über den Fuß gestreift; wenn der Strumpf dort richtig sitzt, wird die Beinlänge hochgestreift.

☞ *Bei Perlonstrümpfen* geht von einem Paar meist nur ein Strumpf kaputt. Sammelt man die Strümpfe, die ganz geblieben sind, passen sie nur selten farblich zusammen. Kocht man sie aber kurz in starkem *r u s s i s c h e m T e e*, haben alle dieselbe Farbe (Mittelbraun) und lassen sich wiederverwenden.

☞ *Bei zwei k a p u t t e n S t r u m p f h o s e n* gleicher Farbe kann man jeweils den zerrissenen Strumpf abschneiden und die beiden Hosen übereinander anziehen.

☞ *Zerreißen bei Kindern die Strümpfe* oft, reibe man die Schuhe innen mit *P a r a f f i n* aus.

☞ *K n i e s t r ü m p f e* und Söckchen von dünner Qualität gehen schnell kaputt. Kaufen Sie möglichst immer gleich zwei Paar von derselben Sorte und Farbe, so können Sie den kaputten Socken gegen einen heilen austauschen.

☞ *Neue w o l l e n e S t r ü m p f e* laufen nicht ein, wenn man sie vor dem ersten Anziehen mit einem nassen Tuch bedeckt und mit einem heißen Eisen so lange bügelt, bis das Tuch vollständig trocken ist.

☞ *Alte Strümpfe und Strumpfhosen eignen sich gut zum Polieren von Schuhen, die dadurch besonders blank werden.*

☞ *Schmutzspritzer an Strümpfen kann man in den meisten Fällen mit Radiergummi entfernen.*

☞ *Ziehen Sie wollene oder baumwollene Socken an, denn sie saugen den Schweiß besser auf als die synthetischen.*

☞ *Sollten Sie nur Socken aus synthetischem Material besitzen, ziehen Sie sie nur einmal an und waschen sie gleich wieder.*

☞ *Schweißfüße. Achten Sie darauf, daß die Strümpfe immer gleich nach dem Tragen gewaschen werden.*

☞ *Lassen Sie die Schuhe zwischendurch gründlich austrocknen, bevor Sie sie wieder tragen.*

☞ *Lackschuhe putzt man mit Schmierseifen-Lösung. Das ist billiger als Schuhcreme, und die Schuhe glänzen herrlich.*

☞ *Lackschuhe, die längere Zeit nicht getragen werden, reibe man mit Olivenöl ein, das vor dem nächsten Tragen wieder abgerieben wird.*

☞ *Lackschuhe* werden blind, wenn sie mit Schuhcreme und Bürste behandelt werden. Besser ist es, sie mit einer Lackpaste einzureiben und nachzupolieren. Glyzerin hält das Lackleder elastisch.

☞ *Lackleder* einmal im Monat mit rohem Eiweiß einreiben. Einziehen lassen und dann mit einem Spezial-Pflegemittel behandeln.

☞ So vermeiden Sie es, daß Lackschuhe brüchig werden: Einfach ab und zu mit *Terpentinöl* einreiben und danach mit Lackledercreme weiterbehandeln.

☞ Lackschuhe im Winter vor dem Anziehen leicht anwärmen, damit der *Lack* nicht springt.

☞ *Stumpf gewordene Lackschuhe* bekommen neuen Glanz, wenn man das Leder mit einer aufgeschnittenen Zwiebel kräftig einreibt. Dann mit einem weichen Tuch nachreiben, und die Schuhe sehen wieder wie neu aus.

☞ Lackschuhe putzt man, wenn kein Spezialmittel zur Hand ist, mit *Öl.*

☞ Lackschuhe brechen nicht, wenn man sie auf einen *Leisten* gespannt aufbewahrt. Einreiben mit Glyzerin ist ebenfalls zu empfehlen.

☞ Unansehlich gewordene Lackschuhe werden wieder schön *blank*, wenn man sie mit Terpentinöl einreibt.

☞ *Schimmeln* der Schuhe bei Lagerung in feuchten Räumen wird vermieden, wenn man die Schuhe mit einer Lösung von einem Teil Kampfer und neun Teilen Terpentinöl bestreicht. Auch Ratten und Mäuse meiden bei dieser Behandlung die Schuhe.

☞ Unangenehmes *Knarren* der Schuhe wird beseitigt, wenn man die Sohlen mit Leinöl volltränkt.

☞ Das Knarren verschwindet, wenn man die Schuhe des öfteren auf einen *feuchten Lappen* stellt.

☞ Das Knarren der Schuhe hört auf, wenn man die Schuhe eine Weile in angekochtes *Leinöl* stellt oder *Puder* in die Schuhe stäubt.

☞ Die *Lebensdauer* der Schuhe erhöht sich, wenn diese abends eingecremt, aber erst am Morgen blank gebürstet werden.

☞ Das Oberleder neuer Schuhe bleibt länger faltenlos, wenn die Schuhe vor dem Tragen mit *Rizinusöl* eingerieben werden.

☞ *Neue Schuhe* sollte man nur am Nachmittag kaufen. Vormittags sind die Füße noch ausgeruht und „klein".

☞ *Enge Schuhe* weitet man, wenn man (morgens) mit ihnen über eine feuchte Wiese geht.

☞ *Das Brennen der Füße* bei neuen Schuhen verhindert man, indem man die Innenseite der Schuhe mit Spiritus bestreicht. Derselbe lockert das Leder und gestattet der Luft mehr Zutritt zum Fuß. Sobald der Fuß die nötige Luftzufuhr hat, hört auch bei neuen Schuhen das lästige Brennen auf.

☞ *Das Brennen der Fußzehen* in neuen Schuhen wird durch die *Gerbsäure* verursacht. Man legt ein nasses Leinenläppchen fest in die Spitze des Schuhes.

☞ *Neue, drückende Schuhe* werden bequem gehfähig, wenn Wasser in sie geschüttet wird und man barfuß in die Schuhe schlüpft und sie so lange trägt, bis das Restwasser verdunstet ist.

☞ *Zu enge Schuhe* wickelt man einige Minuten in ein mit kochendem Wasser getränktes Handtuch. Dann reibt man sie mit Öl ab, am nächsten Tag drücken sie nicht mehr.

☞ *Neue Schuhe* drücken nicht, wenn man sie mit Essig ausreibt und dann sofort anzieht oder wenn man die Stelle, an der sie drücken, feucht macht, mit Seife einreibt und dann die Schuhe sofort anzieht.

☞ *Wenn Schuhe drücken*, nimmt man ein Läppchen, taucht es in kochendes Wasser und legt es, während man die Schuhe trägt, an die drückende Stelle. Das Leder wird, der Form des Fußes entsprechend, geweitet.

☞ *Wenn der neue Schuh drückt, tropfe man etwas A l - k o h o l in den Schuh und ziehe ihn sofort an.*

☞ *Zu e n g e S c h u h e ziehe man mit nassen Strümp-fen an und bewege die Füße. Es hilft auch, Brennspiritus hineinzugießen.*

☞ *Bei Schuhen, die g e w e i t e t sind und etwa eine Nummer größer wirken, klebt man in die hintere Kappe ein Stückchen Samt ein. So gleitet der Fuß nicht so schnell aus dem Schuh.*

☞ *W i l d l e d e r s c h u h e kann man wie folgt pflegen: 15 Milliliter Weingeist, 15 Milliliter Obstessig und 70 Mil-liliter Wasser verrühren und in eine Sprühflasche geben. Die Schuhe einsprühen, trocknen lassen und mit einer Bürste aufrauhen.*

☞ *Schuhe aus V e l o u r s l e d e r dürfen nur in trocke-nem Zustand gereinigt werden. Man nehme dazu einen trockenen Schwamm oder eine sehr feine Bürste.*

☞ *Schuhe aus G l a t t l e d e r, die fleckig geworden sind, glänzen wieder, wenn man sie mit einer Zwiebelhälf-te abreibt.*

☞ *A t l a s - und B r o k a t s c h u h e putze man mit ei-nem Brei aus Benzin und Magnesia.*

☞ *B r o k a t s c h u h e reinigt man mit einem in Wein-geist getauchten Wattebausch.*

☞ *Helle farbige Schuhe* reinigt man mit farbloser Schuhcreme. Dann werden sie mit einem Wollappen poliert.

☞ *Helle Schuhe* nie mit einer Bürste bearbeiten, da die Farbschicht sehr empfindlich ist; man nehme nur ein weiches Tuch.

☞ *Weiße Stoffschuhe* werden ganz sauber, wenn man sie mit einem Brei aus Milch und Kreidepulver putzt.

☞ *Weiße Schuhe*, auf denen durch Abrieb von schwarzen Schuhen *schwarze Flecken* entstanden sind, werden durch Abwischen mit Nagellackentferner wieder sauber.

☞ *Leinenschuhe* werden wieder weiß, wenn man eine Mischung von Schlämmkreide und Milch auf die Schuhe streicht. Gut eintrocknen lassen.

☞ *Wasserdichte Schuhe* erzielen Sie, wenn Sie die Schuhe einige Stunden in eine recht dicke Seifenlauge stellen und danach gut trocknen lassen.

☞ *Feuchte Lederschuhe* wasche man mit kaltem *Essigwasser* ab und stopfe sie mit Zeitungspapier aus. Auch weiße Schneeränder verschwinden bei dieser Behandlung. Nach dem Trocknen mit Schuhcreme einreiben.

☞ *Nasse Schuhe werden rasch trocken, ohne hart zu werden, wenn man sie mit zerknülltem Zeitungspapier ausstopft. Das zieht die Feuchtigkeit aus dem Leder.*

☞ *Feuchte Schuhe und Stiefel lassen sich schwer glänzend wischen. Man kann sofort den Glanz erreichen, indem man der Creme ein paar Tropfen Petroleum beimischt. Dies schützt auch das Leder davor, rissig zu werden.*

☞ *Feuchtes Schuhwerk wird beim Trocknen nicht brüchig, wenn das Leder mit warmem Wasser abgewaschen und dann sorgfältig mit Rizinusöl eingerieben wird.*

☞ *Feuchte Schuhe und Stiefel werden sehr schnell trocken, wenn man sie mit zerkleinerten Kastanien füllt.*

☞ *Straßenschuhe werden wasserdicht, wenn man eine Flasche halb mit Benzin füllt und so viel feingeschnittenes weißes Paraffin hineingibt, wie sich darin auflöst. Mit dieser Lösung bestreicht man den ganzen Schuh mit einem weichen Pinsel, bis der Schuh keine Flüssigkeit mehr annimmt.*

☞ *Imprägnierende Schuhcreme stellt man aus zwanzig Teilen Terpentin, zehn Teilen Petroleum, vier Teilen Asphaltlack, drei Teilen Borax und drei Teilen Kienruß her.*

☞ *Eingetrocknete Schuhcreme* wird wieder weich, wenn man einige Tropfen Milch oder Terpentinöl dazugibt oder die Dose in ein heißes Wasserbad legt.

☞ *Eingetrocknete Schuhcreme* macht man wieder brauchbar, indem man sie mit einer Mischung von *Terpentin und Benzin* vermengt.

☞ *Färben* neue Schuhe innen *ab*, reibe man sie innen mit Essig aus.

☞ *Schuhe, die abfärben*, einfach einige Male mit *Haarspray* aussprühen.

☞ *Um Pelzfutter in Schuhen zu reinigen*, gibt man Talkumpuder in den Pelz. Einige Stunden stehen lassen, dann den Schuh ausschütteln, bis der Puder entfernt ist.

☞ *Gummischuhe* und *Gummimäntel* trockne man nicht am Ofen, da das Gummi dadurch leicht brüchig wird.

☞ *Bei zu engen Schäften* von Gummistiefeln oder wenn man sonst nur mit Mühe in die Stiefel kommt, stecke man zuvor die Füße in Plastiktüten (Tragetüten). So kann man ohne Schwierigkeiten in die Stiefel hineinschlüpfen.

☞ *Gummistiefel* reibe man ab und zu mit Glyzerin ein. Dadurch halten sie viel länger.

☞ *Gummischuhe repapiert* man, indem man *Kolophonium in Weingeist* zu einem dicken Brei auflöst und mit der Masse die schadhaften Stellen bestreicht.

☞ *Gummischuhe* halten länger, wenn man sie nach jedem Gebrauch mit kaltem Wasser abwäscht und mit einem Tuch trocken reibt.

☞ *Besseren Glanz* erzielt man beim Schuheputzen, wenn man der Creme einige Tropfen *Kaffee* zusetzt.

☞ *Schuhe* bleiben lange erhalten, wenn man sie täglich wechselt und nur auf einem *Schuhspanner* aufbewahrt.

☞ *Die Schuhe* sehen wieder wie neu aus, wenn Sie die Schuhe mit *Zwiebel* einreiben und anschließend mit einem Baumwolltuch polieren.

☞ *Schuhe* werden schnell glänzend, wenn man der Schuhcreme einige Tropfen *Spiritus* beimengt.

☞ *Unansehnliche Stellen* an *Wildlederschuhen* kann man über Wasserdampf bürsten.

☞ *Braune Schuhe* gründlich reinigen kann man mit einer Mischung von drei Löffeln Magermilch und einem Löffel Terpentinöl.

☞ *Farbige Schuhe* kann man *schwärzen*, indem man diese mit einer rohen Kartoffel abreibt und trocknen *läßt. Das Ganze viermal wiederholen. Dann wird der Schuh mit normaler schwarzer Schuhcreme eingecremt.*

☞ *Schuhcreme soll über Nacht ins Leder einziehen. Deshalb abends eincremen und morgens blank polieren.*

☞ *Schuhcreme immer hauchdünn auftragen. Dickes Eincremen verkrustet das Leder.*

☞ *Wenn Sie Schuhe anprobieren, sollten Sie daran denken, daß die Ferse festen Halt haben muß. Bei Stiefeln allerdings darf sie sich etwas abheben.*

☞ *Schuhe sollten etwa acht bis zwölf Millimeter länger sein als der große Zeh.*

☞ *Wenn Sie sich auf die Zehenspitzen stellen, sollten die Schuhe hinten nicht schluppen.*

☞ *Am Fußgewölbe soll der Schuh festen Halt geben, aber die Sohlen sollen zum Schutz der Füße weich sein.*

☞ *Kaufen Sie Schuhe am Abend. Im Laufe des Tages schwellen die Füße fast eine halbe Nummer an.*

☞ *Probieren Sie immer beide Schuhe an, weil ein Fuß größer sein kann als der andere.*

☞ *Die Ferse des Schuhs sollte keine Falten werfen, und sie sollte verstärkt sein, vorzugsweise mit Leder.*

☞ *Richtig sitzende Schuhe* können 99 Prozent aller *Fußbeschwerden* verhindern.

☞ Vor *kalten Füßen* schützt eine Einlage aus Zeitungspapier in den Schuhen ausgezeichnet.

☞ *Einlegesohlen*, aus alten Filzhüten geschnitten, sind besonders warm und dauerhaft.

☞ Schwer einfädelbare *Schuhbänder* tauchen Sie mit der Spitze in farblosen Nagellack.

☞ *Schnürsenkel* werden haltbarer, wenn man sie vor Gebrauch mit essigsaurer Tonerde tränkt.

☞ Billige *Stiefelspanner* sind zusammengerollte Zeitschriften, die in den Stiefelschaft gesteckt werden.

☞ Bei *Glatteis* klebe man einen Pflasterstreifen der Länge nach unter jede Schuhsohle. Je kälter es ist, um so länger wird er halten und die Rutschgefahr mildern.

☞ *Gummiabsätze* rutschen nicht, wenn sie ab und zu mit Sandpapier aufgerauht werden.

☞ Schuhabsätze bekommen keine *Kratzer*, wenn sie von Zeit zu Zeit mit farblosem Nagellack bestrichen werden.

☞ Schuhsohlen und Absätze halten viel länger, wenn sie vor dem ersten Tragen in *Leinöl* getränkt werden.

☞ *Schuhsohlen halten auch wesentlich länger, wenn wir diese von Zeit zu Zeit mit etwas Rizinusöl bestreichen.*

☞ *Neue, frisch besohlte Schuhe sind meistens etwas glatt, so daß man leicht damit ausrutscht. Man reibt daher die Sohlen mit etwas Schmirgelpapier rauh, und schon ist das Übel behoben.*

☞ *Schuhsohlen haltbar machen kann man mit einer Mischung von dicker Wasserglaslösung und 150 Gramm Leinölfirnis. Diese Lösung gut durchschütteln und auf die gereinigten und angewärmten Schuhsohlen mehrmals auftragen.*

☞ *Kreppsohlen an Sportschuhen werden wieder sauber und hell, wenn man sie mit Terpentin säubert.*

☞ *Kork von Sandalettenabsätzen bröckelt nicht aus, bleibt ansehnlicher und läßt sich auch besser reinigen, wenn man ihn mit farblosem Nagellack bestreicht.*

☞ *Schuhsohlen bzw. Absätze halten länger, wenn man sie in Holzteer tränkt.*

☞ *Beim Besohlen der Kinderschuhe lasse man die Sohlen etwas vorstehend anfertigen, die Kinder stoßen dann die Spitzen nicht durch.*

☞ *Schuhsohlen werden fest und wasserdicht, wenn man sie mit Firnis bestreicht.*

Großmutters Ratschläge
fürs
Nähen und Handarbeiten

☞ Bei noch nicht fertigen Näharbeiten die ausgeschnittenen Teile über einen Drahtbügel (mit Querstange) hängen und die Kurzwaren (Knöpfe, Garn, Reißverschlüsse) in einem kleinen Plastikbeutel verwahren. So kann man alles mit einem Griff wieder aus dem Schrank holen.

☞ Weiße Kinderhosen können gefärbt werden. Dann kann man sie noch einige Wochen im Herbst tragen.

☞ Reste von gerissenen Schuhbändern lassen sich, zusammengeflochten, als Aufhänger für schwere Mäntel verwenden.

☞ Kinderhosen bleiben länger haltbar, wenn Sie vor dem ersten Tragen von innen und außen Flicken auf die Knie und das Hinterteil nähen bzw. aufbügeln.

☞ Vorhänge am besten immer am oberen Ende kürzen. Dort sind eventuell entstehende Ungenauigkeiten nicht so leicht zu erkennen wie am Saum.

☞ Ausgeleierte Strümpfe, Socken und Pullover gewinnen wieder an Form, wenn man Kordelgummi einzieht.

☞ Bei zu weiten Hosen können Sie von innen gegen den Hosenbund ein breiteres Gummi (gezogen) nähen. Die Hose sitzt anschließend unter Garantie wie angegossen.

☞ *Bei vorn geknöpften Kittelschürzen,* *Kleidern und Röcken* wird der untere Knopf mit Gummiband angenäht, damit er nicht so leicht abreißt.

☞ *Vierlochknöpfe* erhalten einen Steg, wenn man beim Nähen ein Streichholz unter den Knopf legt. Dann immer zwei Löcher auf einmal nähen, das Streichholz entfernen und den Steg umwickeln.

☞ *Bei Druckknöpfen* zuerst die Hälfte mit der Spitze einarbeiten. Dann mit Schneiderkreide darüberstreichen und auf die Stoffgegenseite drücken. Hier kommt dann die andere Druckknopfhälfte hin.

☞ Wollen Sie ein Kleidungsstück mit einem *Flicken* ausbessern, muß der Flicken erst gewaschen werden, sonst läuft er später ein.

☞ Durchgescheuerte Leinentücher lassen sich gut zu *Geschirrtüchern* verarbeiten.

☞ *Unsaubere Nähte* mit der Nähmaschine entstehen oft durch eine stumpfe Nadel. Da man es kaum sieht, vor dem Nähen am besten die Nadelspitze testen und die Nadel öfters auswechseln.

☞ Anstelle der üblichen *Stoßkanten* kann man einen dünnen Streifen Leder in die Hosenbeine nähen.

☞ So vermeiden Sie vorzeitiges Reißen und lästiges Knoten während des Nähens mit *doppeltem Garn:* Beide Enden des abgeschnittenen Fadens durch das Öhr fädeln, anziehen, Nadelspitze durch die Fadenschlaufe stecken. Fadenenden kurz und fest anziehen. Dadurch bildet sich am Nadelende ein kleiner Knoten. Die Enden wie gewohnt verknoten. So können Sie ohne Ärger weiternähen.

☞ Beim Radfahren kommen Hosenbeine nicht so leicht in die Fahrradkette, wenn man im Inneren der Hosenbeine an die Nahtzugabe unsichtbare Druckknöpfe näht.

☞ Sitzen Sie mehrere Tage immer nur für kurze Zeit an der Nähmaschine, lohnt sich das Forträumen meist nicht. Damit die Maschine nicht zu sehr vollstaubt, nähen Sie sich aus einem Stoffrest eine dekorative Haube.

☞ Stoffreste, die man zum Ausbessern verwenden will, sollte man gelegentlich mitwaschen, damit sie bei Verwendung auch farblich passen.

☞ Vor dem Nähen dicker Stoffe erst die Nadel einige Male in ein Stück Kernseife stechen. Sie gleitet dann besser durch den Stoff.

☞ Bienenwachs macht den Faden haltbarer.

☞ Bettlaken, Kopfkissen und Handtücher bekommen nach längerem Gebrauch dünne Stellen. Schneiden Sie aus farblich passenden Stoffresten Herzen heraus und nähen diese mit dichtem Zickzackstich auf die Schwachstellen.

☞ *Kaputte Kinderhosen* kann man abschneiden und als kurze Hosen im Sommer verwenden.

☞ *Es näht sich viel leichter*, wenn man die Nahtstelle in dickem Stoff vor dem Nähen mit trockener *Seife* einreibt.

☞ *In der Mitte dünn gewordene Bettlaken* kann man weiterverwenden, wenn man sie in der Mitte quer durchschneidet und dann die äußeren Enden zusammennäht.

☞ *Die Stecknadeln* steckt man senkrecht zum Saum, dann kann man sie beim Nähen steckenlassen.

☞ *Aus dünn gewordenen Handtüchern* kann man noch Gästetücher, Waschlappen und Waschhandschuhe nähen.

☞ *Abgerissene Perlenketten* können zum Aufnähen auf den *Kragen* eines V-Ausschnittpullovers verwendet werden.

☞ *Wolle*, die man noch einmal verwenden möchte, wird wieder glatt, wenn man sie um eine mit heißer Flüssigkeit gefüllte Flasche wickelt und dann abkühlen läßt.

☞ *Besitzen Sie einen schwarzen Pullover*, der Ihnen jetzt ein wenig trist vorkommt? Kaufen Sie sich eine dicke Goldkordel und legen Sie diese als Rundpasse auf den

Pullover; aufnähen und dann die Passe mit vielen Perlen, Glitzerquasten und Pailletten phantasievoll ausschmücken.

☞ *Stricken mit mehreren Garnknäulen wird einfacher, wenn Sie die Garnknäule in eine Tüte stecken und die Fäden durch verschiedene Löcher ziehen.*

☞ *Bei selbstgestrickten Socken ist empfehlenswert, in die Fersen einen dünnen Nylonfaden mitzustricken. Dies verhindert, daß die Fersen schnell dünn werden.*

☞ *Strickbündchen werden elastisch und schön durch Verwendung von dünnen Stricknadeln. Nach dem Anschlag noch drei Reihen mit den dünnen Nadeln stricken. Danach die erforderliche Nadelstärke verwenden.*

☞ *Beim Garnmix-Stricken mit mehreren Knäulen beachten Sie folgenden Hinweis: Zu Beginn legen Sie die Knäuel nebeneinander und achten beim Stricken genau darauf, daß Sie die Arbeit beim Reihenwechsel hin und wieder zurückwenden, also nie im Kreis drehen. So verheddern sich die Garne garantiert nicht mehr!*

☞ *Pulloverärmel werden zuerst an den Ellbogen dünn. Also setze man den rechten Ärmel in den linken Ärmelausschnitt und umgekehrt.*

☞ *Um ein Ausdehnen von selbstgestrickten Baumwollpullovern und -jacken zu verhindern, nähe man in die*

Schulter- und Seitennähte farblich passende Baumwollbänder mit. So bleiben sie gut in Form.

☞ Falls der obere oder untere Rand eines *Pullovers* zu eng ist, schlägt man mit zwei Stricknadeln die benötigte Maschenzahl an. Dadurch gibt er immer nach und wird nicht zu weit.

☞ *Fertige Strickteile* müssen Sie nicht unter feuchten Tüchern trocknen lassen. Stecken Sie diese schnittgemäß gespannt auf eine dicke Bügelunterlage und gehen mit ca. zwei bis drei Zentimeter Abstand vorsichtig mit dem Dampfbügeleisen über das Strickstück. Anschließend nur noch trocknen lassen.

☞ Wenn man bei *Einstrickmuster* nur ein paar Meter Garn von einer Farbe benötigt, wickelt man es auf speziell kleine Plastik-Wollspulen.

☞ Ein guter *Stricknadelbehälter* ist eine leere Aluminiumfolien-Schachtel.

☞ Bei Strickteilen sollen sich die Seitenränder nicht aufrollen, darum stricke man die *Randmasche* stets kreuz, also in jeder Reihe als rechte Masche.

☞ Damit *Strickjackenknopflöcher* ihre Form behalten, sollte man vor dem Waschen die Knopflöcher mit großen Stichen zunähen.

☞ *Strickt man Streifenmuster*, werden beim Anschlingen der neuen Farbe die Randmaschen sehr locker. Dann stricken Sie mit der neuen Farbe zuerst immer drei Maschen und verknoten dann die Fadenenden mit einer festen Schleife.

☞ *Ausschnitte* an Pullovern und Stricksachen verziehen sich nicht, wenn man sie an der Innenseite mit einem Baumwollband einfaßt.

☞ Zum Lagern diverser Knöpfe ist ein *Schraubenkästchen* (gibt es im Heimwerkerbedarf) hilfreich, in dem man die Knöpfe in den kleinen Fächern sortiert.

☞ *Ersatzknöpfe* von Kleidungsstücken nach dem Kauf sofort heraustrennen und in einem beschrifteten Kästchen aufbewahren.

☞ Zum Aufbewahren von *Nähutensilien* kann man einen Schuhkarton mit bunten Stoffresten beziehen.

☞ *Papierschnittlagerung* geht am besten, wenn man nach dem Nähen den Papierschnitt aufrollt und mit dem Streifen des verwendeten Stoffes zusammenbindet. So kann man die einzelnen Schnitte sofort auseinanderhalten.

☞ *Handtücher* sollten oben und unten einen *Aufhänger* haben, weil sie wegen des häufigen Wechsels von oben nach unten länger halten.

☞ *Handtuchaufhänger* lassen sich leicht aus *Gummiband* herstellen.

☞ *Eingerissene Gummimäntel* werden mit Heftpflaster von innen geklebt.

☞ *Kaputte Innentaschen* von Mänteln, Hosen und auch Handtaschen repariere man mit „Vileda", einem künstlich hergestellten Fensterleder. Die alte Innentasche bis auf einen Rand herausschneiden. Die neue Tasche zuschneiden, zusammennähen und am stehengelassenen Rand der alten Innentasche befestigen.

☞ *Stoffmäntel*, an denen Kragen und Manschetten sich durchzustoßen beginnen, besetze man an diesen Stellen mit Pelzresten (echten oder künstlichen) oder auch mit andersfarbigem dazu passendem Stoff je nach Geschmack und Mode.

☞ *Kein Rost* bildet sich an Haken, Ösen, Druckknöpfen beim Waschen, wenn man die *Metallteile* vor Gebrauch in Sodawasser kocht.

☞ *Druckknöpfe*, die nicht mehr so fest zusammenhalten, schlägt man mit einem Hammer leicht auf den Knopfteil, so daß er etwas auseinandergetrieben wird und sich wieder fest schließt.

☞ *Alte Taschentücher* lassen sich nach intensiver Wäsche zu Verbandsmaterial verarbeiten.

☞ *Federbetten* werden von mehrjähriger Benutzung nicht mehr so locker wie beim ersten Mal, weil die Federn zusammenklumpen. Wenn man die Naht ein paar Zentimeter auftrennt und mit einem Fön hineinbläst, wirbeln die Federn herum, und das Federbett ist wie neu.

☞ Für hart gewordene *Frotteehandtücher* benötigt man einen eigenen Weichmacher. Man legt die Handtücher in heißes Essigwasser (ein Drittel Essig, zwei Drittel Wasser) und läßt sie etwa acht bis zehn Stunden ziehen. Anschließend kommt ein herkömmlicher Waschgang in der Waschmaschine. In das letzte Spülwasser gibt man auch noch eine Tasse Essig.

☞ *Unmoderne Handtaschen* wirft man nicht weg, sondern trennt sie auf und schneidet daraus hübsche Lederflecken für das Hosenknie oder den Ellbogen.

☞ Das Geräusch der Nähmaschine läßt sich durch starke *Filzunterlagen* dämpfen.

☞ *Dickes Leder* läßt sich sehr leicht schneiden, wenn man es in Wasser eingeweicht hat.

☞ Leder, Gamaschen und Filz lassen sich besser nähen, wenn Sie die Nadel mit *Paraffin* einwachsen. So ist die Nadel haltbarer.

☞ *Handtücher und Applikationen* sind oft recht teuer. Man kann sie preiswerter und viel individueller gestalten, indem man die eingewebte Kante bestickt, eine Fransenborte annäht und selbstgefertigte Applikationen aufsteppt.

☞ Verziehen von feinen Stoffen verhütet man, wenn man ein Stück Papier mitnäht, das sich leicht wieder wegnehmen läßt.

☞ Beim Nähen mit der Nähmaschine sollte man je nach Stoffqualität die entsprechende Nadel einsetzen. Der Aufwand, ein größeres Nadelsortiment zu haben, lohnt sich, denn das Nähergebnis wird besser.

☞ Bei Rechts-Links-Bündchen strickt man in jeder Reihe nur die rechten Maschen und hebt die linken ab. Diese Bündchen bleiben gut in Form.

☞ Wenn bei Strickmustern das Markieren von Maschen erforderlich ist, hängt man an diese Stelle einen farbigen Faden.

☞ Reihen Sie die Knöpfe zum Aufbewahren auf eine Sicherheitsnadel. So können sich die Knöpfe nicht mehr „verkriechen".

☞ Durchgestoßene Saum- und Ärmelkanten am Gummimantel kann man verkürzen, indem man etwas abschneidet, einen Zentimeter umschlägt, festklebt und beschwert.

☞ Nadeln lassen sich leichter einfädeln, wenn man sie in ein Stück Papier steckt. Das Nadelöhr ist dann besser zu erkennen.

☞ Gerissene Nähte von T-Shirts sollte man mit Zickzackstichen nachnähen. Das erhält die Elastizität.

☞ Schnittmuster kann man glatt auf Stoffe bringen, ohne sie erst anzustecken, wenn man die Schnittmuster aufbügelt.

☞ Knöpfe an Strickkleidern versehe man auf der Rückseite mit einem Gegenknopf.

☞ Harte, dicke Stoffe kann man nähen, ohne daß einem die Nadel zerbricht, wenn man die Unterseite der Naht mit feuchter Seife bestreicht.

☞ Will man Flicken aufsetzen, wähle man den Flickstoff nach dem Rohstoff in der Farbe, Musterung und Webart, in der Fadenstärke und Qualität passend.

☞ Beim Flicken wähle man die Flickenstücke groß genug! Zusätzliche Nähte im Flicken beeinträchtigen Arbeit und Aussehen.

☞ Beim Auf- oder Einsetzen des Flickens muß man auf die Musterung achten.

☞ Der Flicken darf nicht aus dem Muster des Gegenstandes herausfallen. Liegen mehrere Schäden nah *beieinander (Loch, dünne Stellen), dann arbeite man einen entsprechend großen Flicken ein.*

☞ *Schadhafte Stellen zu beiden Seiten der Naht (Beispiel Seitennaht an Bluse, Hemd und Ähnlichem) dürfen nicht über die Naht weg ausgebessert werden. Die Nähte sind vorher aufzutrennen, die Schäden getrennt auszubessern und die Nähte danach wieder zu schließen.*

☞ *Knöpfe näht man immer auf doppelten Stoff an. Man näht nicht mit doppeltem Faden, aber gut haltbar. Achten Sie auf das Knopfstielchen (-hals)! Der Knopf darf nicht dicht auf dem Stoff aufsitzen, damit sich der Oberstoff beim Einknöpfen glatt einfügen kann.*

☞ *Wenn man ein Teilstück erneuern will, trennt man das beschädigte Stück sorgfältig ab. Seine Form muß erhalten bleiben, denn sie bildet den Schnitt für das ganze Stück!*

☞ *Häkeln Sie doch einmal einen Aufhänger für Waschlappen und Handtücher (mit Luftmaschen). Sie werden sehen, diese halten viel länger.*

☞ *Stricken oder Häkeln Sie nach Schnitt, sind bei der Wahl des Materials Zweck des Kleidungsstückes, Technik der Herstellung (Stricken, Häkeln), Muster und Schnitt zu berücksichtigen. Gute, weiche Wolle ist dehnbarer und elastischer als harte, grobe Wolle; sie behält die Form auch bei längerem Tragen. Baumwolle und Zell-*

wolle verlieren beim Tragen die Form rasch (Ärmel). Garne aus synthetischer Faser haben wieder andere Trageigenschaften – so ist Perlon sehr dauerhaft und formbeständig, Dralon sehr weich und warm.

☞ Strick- bzw. Häkelnadeln müssen der Fadenstärke und dem Muster entsprechen.

☞ Vor Beginn der Arbeit ist eine Probe anzufertigen (etwa zwanzig Maschen breit, fünf oder mehr Zentimeter hoch). Diese ist mit feuchtem Tuch zu bügeln, um errechnen zu können, wie viele Maschen auf einen Zentimeter Breite, wie viele Reihen bzw. Muster auf einen Zentimeter Höhe treffen.

☞ Anschlag und Abschluß sollen locker gearbeitet sein, damit diese Ränder gut dehnbar bleiben.

☞ Praktische Strick- und Häkelmuster werden nicht gebügelt. Man bedeckt die gespannten Teile mit einem feuchten Tuch und nimmt die Nadeln erst heraus, wenn Tuch oder Strick- und Häkelsachen getrocknet sind.

☞ Rundstricknadeln verdrehen sich nicht, wenn man sie ganz kurz mit kochendem Wasser überbrüht.

☞ Bei der Pflege der Nähmaschine ist folgendes zu beachten: Lernen Sie die Maschine richtig kennen (Gebrauchsanweisung). Halten Sie die Maschine sauber (Pinsel, Staubtuch). Vergessen Sie das rechtzeitige Ölen nicht. Verwenden Sie nur feines Maschinenöl (Knochenöl). Nehmen Sie bei der gründlichen Reinigung Petroleum und Öl. Vermeiden Sie raschen Temperaturwechsel. Die blanken Teile rosten. Stellen Sie die Maschine nicht in der dunstigen Küche oder in einem feuchten Raum ab!

☞ *Eine Nähmaschinennadel* wird scharf, wenn man sie kurz durch feines Schmiergelpapier näht.

☞ *Patchwork* wird nach dem Zusammennähen der Einzelteile ohne Druck von links gebügelt. Stoffe aus Baumwolle oder Leinen werden vorher gut eingefeuchtet und direkt gebügelt. Alle anderen Stoffe bügelt man unter einem feuchten Tuch. Beim Bügeln müssen die Nähte etwas gedehnt werden, damit die ganze Arbeit eine gleichmäßige Spannung hat und später keine Beulen wirft.

☞ *Stickereien* bügelt man grundsätzlich wie folgt: Man legt sie mit der rechten Seite auf eine sehr weiche Unterlage (zusammengefaltete Decke), bedeckt sie mit einem feuchten Tuch und bügelt sie mit mäßigem Druck von links. Stickereien auf Baumwollgeweben, die mit Sticktwist oder Perlgarn ausgeführt wurden, können stärkeren Druck vertragen als Stickereien aus Wolle, besonders, wenn diese außerdem noch auf Wollgrund gestickt sind. Ist eine Arbeit stark verknittert, feuchtet man sie mit Krauseminze (Drogerie) an. Auch zu große Einstichlöcher verschwinden durch sachgemäßes Bügeln.

Großmutters Ratschläge fürs Waschen und Bügeln

☞ *Frische Wäsche*, die nach Sauberkeit und Frische duftet, ist angenehm für Nase, Haut und körperliches Wohlbefinden.

☞ *Lassen Sie Ihre Wäsche* grundsätzlich nicht übermäßig einschmutzen. Es ist besser, öfters *s c h m u t z i g e W ä s c h e* zu waschen, der Verschleiß ist dann weit geringer.

☞ *Bettwäsche* sollten Sie darum spätestens nach ca. drei Wochen, Handtücher und Leibwäsche mindestens zweimal die Woche wechseln.

☞ *Die S c h m u t z w ä s c h e* sammeln Sie in luftigen Körben oder Kästen. Jeder sollte lernen, hier seine schmutzigen Stücke selbst einzuwerfen. Dies spart Zeit und hilft Ordnung zu halten. Wer es besonders praktisch haben möchte und genügend Platz hat, kann schon bei der Schmutzwäsche nach Koch-, Bunt- und Feinwäsche trennen.

☞ *T r o c k n e n Sie Ihre W ä s c h e* möglichst luftig im Schatten. Die Sonne verfärbt nasse Textilien oft merklich.

☞ *Wäschestücke* aus *C h e m i e f a s e r n* werden tropfnaß aufgehängt, Hemden sorgfältig auf einem sauberen Bügel, dabei Kragen, Manschetten und Nähte ausstreifen bzw. geradeziehen.

☞ *Wollsachen*, veredelte Baumwolle, Kunstseide usw. trocknen Sie zwischen Tüchern, ziehen sie in Form und lassen sie liegend fertig trocknen.

☞ *Wenn die Wäsche trocken ist, legen Sie die bügelfreien Stücke zusammen und räumen sie auf. Auch Bügelwäsche wird sorgfältig gelegt – das spart Ihnen bei Laken und Handtüchern die halbe Arbeit – und im Bügelkorb verwahrt. Lassen Sie die Bügelwäsche nicht zu Bergen anwachsen. Was in einer Woche gewaschen wurde, sollte noch in derselben Woche weggebügelt werden.*

☞ *Wollsachen werden immer von Hand gewaschen.*

☞ *Naturwolle darf nie zu heiß, keinesfalls wärmer als mit 35 Grad gewaschen und nur im Schatten getrocknet werden.*

☞ *Damit Ihre Wollpullover die Paßform behalten. mißt man sie vor dem Waschen aus und legt sie dann aufs Maß gezogen zum Trocknen.*

☞ *Wollstoffe bleiben beim Waschen tiefschwarz, wenn man sie nicht mit Seife, sondern mit Ochsengalle wäscht.*

☞ *Wollsachen verfilzen und werden fleckig, wenn sie nach der Wäsche nicht gut gespült wurden.*

☞ *Wollstücke wäscht man wie folgt: In handwarmem, nicht heißem, schaumigem Seifenwasser durchkneten, nicht reiben. Dann in lauwarmem Wasser mit etwas Essigzusatz durchspülen, zwischen den Händen halbwegs trockendrücken, nicht auswringen.*

☞ *Gewaschene Wollstücke t r o c k n e n Sie folgendermaßen: Zuerst schlägt man die Wolle in ein Frottiertuch ein und klopft mit der Hand die restliche Nässe in das Tuch. Das vorgetrocknete Stück darf nicht aufgehängt werden, sondern man breitet es sorgfältig auf ein trockenes Tuch aus und läßt es abseits von Ofen oder Sonne trocknen.*

☞ *Weiße, unansehnlich gewordene Wollsachen werden durch S c h w e f e l d a m p f wieder blendendweiß.*

☞ *S t r i c k k l e i d e r, die sich beim Waschen ausgeweitet haben, legt man erst in heißes, dann in kaltes Essigwasser.*

☞ *B u n t w ä s c h e wird kurz und niemals heiß eingeweicht. Sie wird nicht gekocht, sondern in heißer Waschlauge gut durchgewaschen. Je mehr Lauge, um so besser. Bunte Wäsche wird sofort gründlich gespült – warm, lauwarm, kalt –, bis das Wasser klar bleibt.*

☞ *Sollen g e f ä r b t e K l e i d e r nicht in sich fleckig werden, so sind sie rasch herauszuwaschen, schnell in Tüchern zu trocknen und gleich von links, nicht zu heiß, zu plätten; dem Waschwasser ist Essig zuzusetzen.*

☞ *W ä s c h e s t o f f e kocht man immer vor dem Bearbeiten, sie können dann nicht mehr einlaufen.*

☞ *In einer schaumigen Lösung von fünf Eßlöffeln Gallseife und zehn Litern lauwarmem Wasser wird das*

Fahnentuch strichweise durchgewaschen, dann durch Essigwasser gezogen unds halbfeucht gebügelt.

☞ *Weiße Wäsche erzielt man, indem man etwas Benzin-Zusatz zum Kochwasser gibt.*

☞ *Blendendweiße Wäsche bringt der Waschtag, wenn man dem Blauwasser eine Mischung von drei Teilen Spiritus und einem Teil Terpentin zugibt.*

☞ *Weiße Stoffe lassen sich mit Abkochung von Teeblättern schön cremen.*

☞ *Zarte Stoffe verziehen sich beim Maschinennähen nicht, wenn Sie ein Stück Papier mitnähen; dieses trennen Sie hinterher ab.*

☞ *Wenn Stoffart und Waschfestigkeit nicht einwandfrei feststehen, niemals sofort das ganze Stück waschen, sondern erst an einer unauffälligen Stelle einen Vorversuch anstellen.*

☞ *Zarte Wäsche darf nicht mit Seife eingerieben werden, sie muß in lauwarmem Seifenschaum geknetet, in Tüchern getrocknet und feucht gebügelt werden.*

☞ *Weiß- und Grobwäsche wird niemals heiß und am besten über Nacht eingeweicht. Längeres Kochen als 15 Minuten ist nutzlos und überflüssig. Dann wird gründlich gespült – warm, lauwarm, kalt –, bis das Wasser klar bleibt.*

☞ *Feinwäsche* niemals kochen oder heiß waschen, sondern in lauwarmer Waschlauge vorsichtig waschen. Mehrmals lauwarm spülen, bis das Wasser klar bleibt. Nach dem Spülen sofort trocknen.

☞ Gewöhnliche Roßkastanien sind wegen ihres Saponingehaltes ein vorzügliches *Waschpulver*. Sie werden geschält, gerieben, getrocknet und dann zu einem feinen Pulver gemahlen.

☞ *Gardinen* bleiben wie neu, wenn im letzten Spülwasser Zucker ist.

☞ *Kochwäsche* besteht normalerweise aus weißer Bettwäsche, Geschirrtüchern, hellen Frottiertüchern, Windeln, Babywäsche, weißer Tischwäsche – immer vorausgesetzt, daß der Hersteller das Waschen bis 95 Grad Celsius erlaubt und daß Farbechtheit besteht.

☞ *Buntwäsche* bis 60 Grad: Dazu zählt nicht kochechte farbige Wäsche – zum Beispiel bunte Bettwäsche, Herrenhemden aus pflegeleichter Baumwolle, Schlafanzüge, dunkelfarbige Frotteewäsche, Tischwäsche.

☞ Unter *Feinwäsche* fallen alle Chemiefasern; auch Stoffe mit einem Chemiefaseranteil sollen nach den Waschvorschriften wie Feinwäsche behandelt werden. Wichtige Chemiefasern sind Polyacryl, Polyamid, Polyester, Acetat, Viskose. Feinwäsche soll nie über 30 Grad Celsius gewaschen werden.

☞ *Zu Wollwäsche* zählen alle tierischen Fasern: Alpaka, Lama, Kamel, Mohair, Angora, Schafwolle sowie Seide. Wenn hier das Waschen nicht überhaupt verboten ist, soll das Waschwasser nie handwarm, sondern stets kälter, wenn nicht am besten ganz kalt sein.

☞ *Unwaschbare Textilien* nur in die Reinigung geben.

☞ *Ein altbewährtes Hausmittel* zum Waschen von *Stricksachen* sieht wie folgt aus: Sachen in kaltem Wasser waschen, dem ein Teelöffel Borax und Glyzerin zugesetzt wurde.

☞ *Brandflecke* aus weißer Wäsche werden beseitigt, indem man die Wäsche mit kaltem Wasser anfeuchtet, mit Salz bestreut und in die Sonne legt. Nach einigen Stunden sind die Flecken verschwunden.

☞ *Weiße Wäsche* weiche man über Nacht ein. Die Kochzeit beträgt nur fünfzehn Minuten. Danach spüle man sehr gut nach, da Laugenreste das Gewebe zerstören.

☞ *Vergilben der Wäsche* läßt sich vermeiden, wenn man dem letzten Spül- oder Stärkewasser eine Mischung von drei Teilen Spiritus und einem Teil Terpentinöl beisetzt. Auf einen Eimer Wasser gibt man zwei Likörgläser von dieser Mischung.

☞ *Um Waschtemperatur-Fehler* zu vermeiden, ist es nützlich, an einer unsichtbaren Stelle mit einem wasserfesten Kugelschreiber die Kleidung mit der dementsprechenden Waschtemperatur zu kennzeichnen.

☞ Um schneeweiße Wäsche zu erhalten, gibt man zum Waschmittel ein Päckchen B a c k p u l v e r hinzu; bei sehr voller Maschine zwei Päckchen. Die Wäsche wird sehr weiß. Diese Methode eignet sich besonders gut bei weißen Herrenhemden und Dirndelblusen.

☞ Besonders weiß wird die Wäsche, wenn einige Z i t r o n e n s c h e i b e n beim Waschen mitgekocht werden.

☞ Weiße Wäsche erzielt man, wenn man beim Einweichen dem Wasser ein paar Tropfen T e r p e n t i n zusetzt.

☞ Stark verschmutzte Wäsche (z.B. Hemdenkragen) wird sauber, wenn sie vor dem Waschen mit N e u t r a l - S c h m i e r s e i f e eingerieben wird.

☞ Dunkle K r a g e n s p i t z e n nach dem Waschen brauchen nicht zu sein! Man muß den glattgestrichenen Kragen beim Trocknen hochstellen.

☞ Weiße F l a n e l l h e m d e n wasche man in lauwarmem Wasser mit Zusatz von etwas Salmiakgeist.

☞ V e r g i l b t e r F l a n e l l wird wieder weiß, wenn man ihn in eine leichte Ammoniaklösung legt.

☞ Gardinen, die nicht mehr recht weiß werden, kann man einen wunderschönen cremefarbigen Farbton durch

Zusatz eines Aufgusses von *Lindenblütentee* zum Spülwasser verleihen.

☞ Von Zigarettenrauch *vergilbte Gardinen* über Nacht in lauwarmes Salzwasser legen und anschließend wie gewöhnlich waschen.

☞ Spitzen, Stores und weiße Wäsche werden schön weiß, auch wenn sie schon vergilbt waren, wenn dem Seifenwasser eine Handvoll *Salz* zugegeben wird.

☞ Wäsche im Trockner wird noch weicher, wenn man einen Waschlappen mit *Weichspüler* anfeuchtet und mit in die Trommel gibt.

☞ Die *Trockenzeit* im Wäschetrockner läßt sich verkürzen, indem man der feuchten Wäsche ein trockenes Handtuch beigibt.

☞ Ihre Wäsche wird nicht hart, wenn Sie dem letzten Schwemmwasser einen Eßlöffel *Salz* zufügen. Dann können Sie auf Weichspüler verzichten.

☞ Wäsche *gefriert nicht* auf der Leine, wenn Sie dem letzten Spülwasser eine Handvoll Salz beifügen und gut verrühren.

☞ Nähen Sie sich einen Leinenbeutel und füllen Sie diesen mit *Eierschalen*, mit einem Band den Beutel fest verschließen. Diesen Beutel einfach mitkochen lassen. Die Wäsche wird wunderbar weiß.

☞ *Vergilbtes Leinen* lege man über Nacht in eine Lösung aus einem Eßlöffel gereinigtem Weingeist und einem Liter Wasser.

☞ *Stockige Leinenwäsche* wird einen halben Tag in *Buttermilch* gelegt und anschließend gewaschen.

☞ *Wäsche* wird leicht gelblich, wenn sie nicht sorgfältig gespült wird und *Seifenreste* im Gewebe zurückbleiben.

☞ Zum *Einweichen* der Wäsche nehme man immer enthärtetes Wasser. Weiße und bunte Wäschestücke weiche man getrennt ein und wasche sie nicht miteinander.

☞ Die *Wäsche* duftet, wenn man beim letzten Spülen etwas *Badesalz* dazugibt.

☞ *Schweißgeruch* in der Wäsche entferne man durch Einsprühen der Stücke mit *Essig* vor dem Waschen.

☞ *Weiße Socken* werden auch nach dem Tragen dunkler Schuhe und bei starker Verschmutzung wieder weiß, wenn man sie bei 60 Grad wäscht und naß mit Kernseife einreibt. Zehn Minuten einwirken lassen, auswaschen und gegebenenfalls weichspülen.

☞ Die *Farbe* geht nicht aus, wenn man Stoff vor dem Waschen eine Nacht lang in *ungekochte Milch* legt.

☞ *Neue, bunte Kleidung* färbt beim ersten Waschen nicht aus, wenn dem Wasser ein Schuß Essig beigefügt wird.

☞ *Verfärbte Kleidung* in sauer gewordener Milch einweichen und anschließend lauwarm auswaschen.

☞ Sind beim Waschen *Farben verlaufen*, lege man den Stoff in Essig, bis die Farben klar sind; nicht nachspülen.

☞ Ein natürliches *Bleichmittel*, das man allerdings nur bei robusten Stoffen anwenden sollte, ist das Aufhängen an kalten Wintertagen, bis die Wäsche steif geworden ist. Danach abnehmen und im Haus langsam auftauen und trocknen.

☞ Das teurere Fleckensalz kann durch einen Eßlöffel *Soda* zum Waschpulver ersetzt werden.

☞ *Farbige Wäsche* soll nur im Schatten getrocknet werden, da sie in der Sonne leicht ausbleichen kann.

☞ So kann man es verhindern, daß Stoffe beim Waschen abfärben oder ruiniert werden: Bevor man irgendeinen Stoff wäscht, nimmt man ein Stückchen davon, feuchtet es an und reibt damit auf einem weißen Blatt Papier hin und her. Waschechter Stoff wird dabei keinerlei Farbflekke auf dem Papier sichtbar werden lassen. Dies ist daher *ein äußerst zuverlässiges Prüfverfahren für Stoffe, die man waschen möchte.*

☞ Oft bekommen Cordhosen in der Waschmaschine häßliche Knitterfalten und Druckstellen . Um das zu vermeiden, wendet man die Hose vor dem Waschen auf die linke Seite.

☞ Häßliche Fusseln auf Cordhosen lassen sich vermeiden, wenn man die Hose vor dem Waschen nach links zieht und auch von links bügelt. Ansonsten feucht abbürsten.

☞ Samt- und Cordkleidungsstücke dreht man vor dem Waschen auf links, so werden Samt und Cord vor Beschädigung und Abnutzung geschützt.

☞ Bunte Wäsche wird farbenfroh, wenn dem Spülwasser etwas Zucker zugesetzt wird.

☞ Gold- und Silberborten werden mit starkem Weingeist gesäubert.

☞ Eine Tasse Essig im letzten Spülgang der Waschmaschine ersetzt den Weichspüler und sorgt auch für Wohlgeruch der Wäsche. Bei Handwäsche ist Essig besonders wichtig: Er neutralisiert die Seife, so daß man nur zweimal spülen muß. Außerdem werden die Farben aufgefrischt.

☞ *Neue Jeans* bleichen nicht so aus, wenn diese vor dem ersten Waschen etwa eine Stunde in kaltes Salzwasser gelegt wurden (ein Eßlöffel Salz auf ein Liter Wasser). Dann im Kaltwaschgang waschen.

☞ *Ausgebleichte Jeans* bekommen wieder Farbe, wenn man sie mit nagelneuen Jeans zusammen wäscht.

☞ *Empfindliche Spitzen und Stickereien* beim Waschen immer in einen großen Bezug geben und ihn zuknöpfen.

☞ *Seidene Blusen* baden Sie in Benzin oder Spiritus, dann leicht ausdrücken, ein wenig reiben, über einem Bügel trocknen lassen.

☞ *Farbige Vorhänge* weicht man in leicht gesalzenem Wasser ein, damit die Farben beim Waschen nicht ausbleichen und sich der Schmutz lösen kann.

☞ *Beim Waschen schwarzer Tuchstoffe* Salz beifügen, um sie vor dem Einlaufen zu schützen.

☞ *Schwarzes Tuch* behält die Farbe, wenn man dem Waschwasser etwas Pottasche untermischt.

☞ *Mehrfarbige Wäschestücke* werden mit dem hellen Teil nach oben aufgehängt.

☞ *Für Korselettwäsche* nehme man handwarmes Wasser und reinige schmutzige Stellen mit einem Wattebausch. Sie dürfen nicht gegeneinander gerieben werden. Nicht wringen, sondern nur abtropfen lassen und in Tücher eindrehen.

☞ *Goldborten* reinigt man, indem sie mit einer Zwiebelscheibe abgerieben und mit kaltem Wasser nachgerieben werden.

☞ *Satin* läßt sich besser waschen, wenn man dem Wasser Borax zufügt.

☞ *Nasse Wäsche* wird immer in Richtung des Fadenlaufes, nie quer dazu aufgehängt.

☞ *Wringt man Wäsche aus,* sollte man das in Längsrichtung tun, damit sie nicht so stark strapaziert wird. Die Längsfäden sind besonders stark.

☞ *Empfindliche Spitzendeckchen* sollten Sie vor dem Waschen auf ein Stück weißes Tuch heften. So behalten die Decken beim Waschen ihre Form und lassen sich außerdem viel leichter bügeln.

☞ *Beim Einsprühen der Wäsche* vor dem Bügeln gebe man etwas Weichspüler ins Wasser, dann geht das Bügeln erheblich leichter.

☞ *Gummimäntel reinigen* kann man am besten mit warmer *Seifenlauge* und einem weichen Schwamm, den man leicht über die betreffenden Stellen wischt.

☞ *Der Gummimantel* darf naß nicht gefaltet und nicht gerollt werden, sondern muß auf einem Bügel an der Luft und nicht an der Heizung getrocknet werden. Falten im Gummimantel verlieren sich während des Tragens, daher nicht bügeln.

☞ *Damastwäsche* erhält beim Stärken schönen Glanz, wenn der angerührten Stärke etwas Borax untergemischt wird.

☞ *Zur Reinigung der Waschmaschine* hin und wieder einen leeren Spülgang laufen lassen und dem Wasser einen Liter Essig hinzugeben. Das hält die Trommel und den Heizstab kalkfrei.

☞ *Mit Naturfarben* kann man gut färben. Eine schöne violette Farbe bekommen Leinen, Wolle und auch andere Stoffe, wenn man diese mit Heidelbeersaft tränkt. Ein warmes Braun erzielt man durch eine Beize, zu deren Herstellung grüne Walnußschalen in kaltem oder warmem Wasser angesetzt werden.

☞ *Beim Färben* von Stoffen wende man diese fortlaufend, damit sie nicht fleckig werden.

☞ *Selbstgefärbte Stoffe* färben leicht ab. Man behandle sie daher mit *Essigwasser*.

☞ *Selbstgefärbte Stoffe oder Kleidungsstücke werden waschecht, wenn man sie über Nacht in Milch legt.*

☞ *Weiße Wäsche färbt man in einen Cremeton, indem man sie in heißen chinesischen Tee legt.*

☞ *Gestärkte Wäsche ist stets in warmem Wasser einzuweichen, damit sich die alte Stärke löst.*

☞ *In der Maschine läßt sich Wäsche nach folgendem Rezept stärken: Man koche zwei Teelöffel Kartoffelmehl in einem Liter Wasser auf und gebe die Lösung zum letzten Spülwasser.*

☞ *Mischt man unter die Stärke weißes Terpentin, sieht die gestärkte Wäsche besser aus, und beim Bügeln klebt nichts.*

☞ *Gewaschener Taft wird wieder steif, wenn man dem letzten Spülwasser zwei Blatt Gelatine zusetzt.*

☞ *Bunte Wäsche darf nicht heiß gestärkt werden, da die Farbe sonst auslaufen kann.*

☞ *Wird Ihre Wäsche sehr leicht gelb, so verwenden Sie für den letzten Spülgang zehn Liter Wasser und einen Eßlöffel Borax, damit bekommen Sie Ihre Wäsche wieder leuchtendweiß.*

☞ *Zum Wäschestärken* nehme ich statt teurer Sprühstärke (mit oder ohne Treibgas) billige flüssige Wäschestärke, verdünne sie im Verhältnis 1:4 mit Wasser und sprühe sie mit dem Blumensprüher auf die Wäsche.

☞ Stärke klebt nicht am Bügeleisen, wenn man sie mit etwas *Salz* ansetzt.

☞ *Topflappen* werden fast feuerfest, wenn sie nach dem Waschgang in Alaunlösung getaucht werden.

☞ *Gedrucktes* auf Mehlsäcken, Stoffen usw. läßt sich folgendermaßen entfernen: Man tränkt die Stücke mit Petroleum, bestreut sie mit Salz und läßt das Stück einen Tag zusammengerollt liegen. Dann wird es mit Wasser und Seife gewaschen.

☞ Die *Wäscheleine* wird mit der Zeit locker und hängt durch. Sie läßt sich jederzeit auf einfache Weise nachspannen, wenn an ein Ende einige Kettenglieder geknüpft werden, die je nach gewünschter Spannung in den Haken gehängt werden.

☞ Gewöhnen Sie sich an, beim *Bügeln* im Sitzen zu arbeiten. Es geht tadellos und schont Ihr Kreuz und Ihre Füße. Natürlich brauchen Sie ein Bügeleisen, das durch Thermostat automatisch den Strom aus- und einschaltet, sobald die gewünschte Hitze erreicht ist. Ein verstellbarer Bügeltisch zum Zusammenklappen mit Bügeleisenhalter ist sehr praktisch. Aber es geht auch mit einem Bügel-

brett, das Sie rittlings auf den Tisch und über eine Stuhl-
lehne legen, so daß Sie Kleider darüberziehen können. Sie
brauchen dann allerdings eine in der Höhe entsprechende
Sitzgelegenheit. Ein Ärmelbrett hilft Ihnen beim Bügeln.
Ein oder mehrere Dämpftücher, eine Flasche mit Siebdek-
kel zum Einsprengen und ein Bügeleisenrost vervollständi-
gen das Bügelzubehör.

☞ Baumwoll- und Leinenstücke sollten leicht
feucht gebügelt werden. D.h., Sie müssen diese Wäschestücke „bügeltrocken" abnehmen oder vor dem Bügeln
noch einmal einsprengen. Nach dem Einsprengen wird
das Stück zusammengerollt, damit die Feuchtigkeit
gleichmäßig in den Stoff einziehen kann. Beim Bügeln
führen Sie das heiße Eisen möglichst „fadengerade", d.h.
der Kette oder dem Schuß folgend, über den Stoff. Wäsche
aus dunkelfarbiger Baumwolle bügelt man von links, um
Glanzstellen zu vermeiden.

☞ Kragen und Manschetten von Herrenhemden oder
Blusen, Tischwäsche, Vorhänge, Kindersachen usw. können vor dem Bügeln gestärkt werden.

☞ Bei Herrenhemden und auch Hemdblusen
bügeln Sie zuerst den Kragen von links, dann von rechts,
danach die Passe. Anschließend kommen die Manschetten von beiden Seiten an die Reihe und die Ärmel. Die Är-
melfalten müssen hinten am Kragen, in der Höhe der Passe auftreffen. Legen Sie jetzt die Vorderteile auseinander
und bügeln Sie den Rücken von innen und außen. Zuletzt

werden die Vorderteile gebügelt und das Hemd zugeknöpft.

☞ **Wolle** bügelt man mit einem mittelheißen Eisen unter einem Tuch. Stricksachen müssen aber noch vor dem Bügeln in die richtige Form gebracht werden. Man kann sie eventuell mit einigen rostfreien Stecknadeln anstecken.

☞ **Seide** dürfen Sie nicht einsprengen oder dämpfen, sie bekommt Wasserflecke. Am besten bügelt man mit einem mäßig heißen Eisen unter einem dünnen, trockenen Tuch.

☞ **Samt** kann man heute fast durchwegs von links bügeln. Aber nicht zu stark drücken und mit einer feinen Bürste rechts nachbürsten. Besonders empfindlichen Samt können Sie an einem sehr heißen Eisen entlangziehen, ohne daß der Stoff die Platte des Bügeleisens berührt.

☞ **Chemiefasern** sind hitzeempfindlich. Sie dürfen sie also nur den speziellen Anweisungen des Herstellers entsprechend bügeln. Die meisten sind ohnehin bügelfrei.

☞ Wenn in Ihren Wäscheschränken Ordnung herrschen soll, müssen Sie auch dem Zusammenlegen der Wäsche einige Aufmerksamkeit widmen. Alle Wäschestücke derselben Sorte sollten Sie auch in derselben Art falten, damit sie sich besser stapeln lassen. Hemdblusen, Kinderkleidung, Herrenhemden kann man auch *ungefaltet auf Bügeln aufheben. Stapeln Sie frisch gebügelte Wäsche keinesfalls, solange sie noch warm oder feucht ist. Beim Einräumen legen Sie dann die frisch gewaschenen und gebügelten Stücke zuunterst in den entsprechenden Stapel, damit die einzelnen Stücke der Reihe nach gleichmäßig zum Gebrauch kommen.*

☞ *Verschmutzte Wäscheklammern aus Holz werden mit Seifenwasser gereinigt.*

☞ *Neue Wäscheklammern aus Holz vor dem ersten Gebrauch gut auskochen, damit sie auf der Wäsche keine Flecken hinterlassen.*

☞ *Wenn das Bügeleisen an der Unterseite braun ist, sollte man es mit Scheuersand, Essig oder Sandpapier abreiben.*

☞ *Bügeleisen reibt man, wenn sie noch heiß sind, mit Kerzenwachs ab und putzt mit einem Wolltuch nach.*

☞ *Rostige Bügeleisen bestreicht man mit ein wenig Butter und fein gestoßenem Salz. Dieser Überstrich muß einige Zeit wirken und wird dann mit einem groben Tuch abgewischt. Nach dieser Behandlung wird das Bügeleisen wieder frisch und blank sein.*

☞ *Wäsche, die gleich gebügelt werden soll, sprühe man mit warmem Wasser ein, da dieses schneller in die Wäsche einzieht als kaltes.*

☞ *Nehmen Sie flüssige Stärke* statt Sprühdosenstärke. Das ist billiger und schont die Umwelt. Geben Sie zwei bis drei Kappen flüssige Stärke in einen Pumpzerstäuber, und füllen Sie ihn mit Wasser auf. Gut durchschütteln.

☞ *Sprühstärke* können Sie selbst billig herstellen: Ein Teelöffel Silberglanzstärke in einer Sprühdose mit Wasser auffüllen (gut durchschütteln).

☞ *Bügelfalten* halten länger, wenn man sie von innen in den Knickfalten mit Kernseife einreibt und anschließend die Hose von außen wieder mit einem feuchten Tuch bügelt.

☞ *Hartnäckige Saumfalten* lassen sich entfernen, wenn man sie vorsichtig mit einer Lösung aus Wasser und weißem Essig abtupft. Warm bügeln. Zuerst am besten im Saum ausprobieren.

☞ *Hemdkragen* und -manschetten verschmutzen nicht so sehr, wenn man die Kanten vor dem Bügeln mit einer Lösung aus einem Teelöffel Stärke auf einen Viertelliter Wasser bestreicht. Der hauchdünne Stärkefilm schützt das Gewebe.

☞ *Zum Einspritzen der Bügelwäsche* eignet sich sehr gut eine *Blumenspritze.*

☞ *Als Bügelhilfe für Leinen* oder schwer bügelbare Textilien füllt man eine Verschlußkappe *Weichspüler* in eine Sprühflasche und verdünnt sie mit Wasser (ca. ein Liter). Die Bügelwäsche (z. B. Hirtenhemden, Leinendecken usw.) mit dieser Mischung eingesprüht, läßt sich leicht bügeln und riecht auch angenehm.

☞ Bügelwäsche sollte man nicht bügelwarm in den Schrank legen, sonst wird sie muffig.

☞ Nach dem Bügeln läßt man die Wäsche in einem warmen Raum zum Nachtrocknen noch etwas liegen. Man vermeidet dadurch, daß sich Falten bilden und die Wäsche im Schrank modert.

☞ Beim Bügeln von Taschentüchern lege man mehrere übereinander – das spart Zeit und Strom.

☞ Runde Decken und Deckchen sind von innen nach außen zu bügeln. Der Fadenlauf ist zu beachten, damit sie sich nicht verziehen.

☞ Sollten Ihre Hemden und Blusen nach dem Waschen Falten haben, so hängt man sie über einen Bügel und duscht sie mit kaltem Wasser ab, bis sie glatt erscheinen. Dann läßt man sie auf dem Bügel trocknen.

☞ Wäsche immer nur feucht oder mit Dampf bügeln – das ist schonender für das Gewebe.

☞ Weiße Spitzen werden nach dem Waschen schön steif, wenn man sie mit abgekochter Milch gut anfeuchtet und dann bügelt.

☞ *Bunte Stickereien* bügelt man, indem man ein essiggetränktes Tuch unterlegt und so lange bügelt, bis dieses nahezu trocken ist.

☞ *Beim Bügeln* lege man etwas *Alufolie* auf empfindliche Stoffe, um ein Versengen zu verhüten.

☞ *Versengte Stellen* in der Wäsche mit *Borax*wasser betupfen und mit klarem Wasser nachspülen.

☞ *Angesengte Stellen* im Stoff lassen sich mit *Weißbrot* wegreiben.

☞ *Angesengte Stellen* spült man sofort mit kaltem Wasser aus. Dann streut man *Salz* darauf und hängt das Stück zum Trocknen auf.

☞ *Bei versengter Wäsche* bereitet man eine klare *Chlorkalklösung* und trägt sie behutsam mit einem Wattebausch auf. Hinterher muß die Wäsche in klarem Wasser tüchtig gespült werden. Stärkewäsche ist vorher heiß auszuwaschen.

☞ *Wäschestücke*, die beim Bügeln etwas angesengt wurden, braucht man nicht neu zu waschen. Wenn man die gelblichen Stellen mit etwas *Zwiebelsaft* einreibt, verschwinden die Flecken sofort. Mit kaltem Wasser nachwaschen.

☞ *Beim Bügeln versengte Stellen lassen sich mit Zitronensaft, der dick mit Puderzucker bestreut wurde, entfernen – später mit klarem Wasser auswaschen.*

☞ *Beim Bügeln versengte Stellen sofort mit Essig einreiben.*

☞ *Stricksachen bügelt man immer von links auf einer weichen Unterlage, damit das Muster hervortreten kann.*

☞ *Kunstseide bügle man immer von der linken Seite und nicht zu heiß.*

☞ *Chintz bügle man grundsätzlich von rechts, damit er schön glänzt.*

☞ *Frottierstoffe dürfen weder gerollt noch gebügelt werden, da sie dadurch ihre Saugfähigkeit verlieren.*

☞ *Perlenstickereien bügelt man am besten von der linken Seite, zudem sollten sie auf Frotteestoff liegen. Die Perlen drücken sich dann in den Frotteestoff, und die Zwischenräume werden schön glatt.*

☞ *Bei Bügeln von Seide bitte darauf achten, daß im Bügeleisentank kein Wasser ist.*

☞ *Bei synthetischen Fasern werden die Nähte nicht mit einem heißen, sondern nur mit einem warmen Bügeleisen geglättet.*

☞ Man trage nicht täglich dieselbe *Krawatte*, da das dem Gewebe schadet. Zum Bügeln schneide man eine Pappe zu, die in die Krawatte gelegt wird, während sie mit einem feuchten Tuch gebügelt wird. So wird der Stoff nicht blank.

☞ *Muffiger Geruch* in Schränken läßt sich mit Kaffeebohnen vertreiben oder mit einer Orange, die mit Nelken gespickt wird.

☞ Aufgebrauchte *Deoroller* lassen sich noch eine Weile als Duftspender im Wäscheschrank verwenden.

☞ *Betten* dürfen nicht in praller Sonne liegen, weil dadurch die Federn geschädigt werden.

☞ *Bettinletts* werden dicht, wenn man ihre Innenseite mit einem Gemisch aus gleichen Teilen Wachs und Schmierseife bestreicht.

☞ *Bettinletts* färben leicht auf die Bettwäsche ab. Man weiche die Stellen einige Stunden in *Spiritus* ein und wasche die dann mit lauwarmem Seifenwasser aus.

☞ *Wintersachen* werden bei Beginn der warmen Jahreszeit nur sauber weggelegt.

☞ Damit *weißes Leinen* nicht gilbt, wird es an einem dunklen Ort aufbewahrt.

☞ *Weiße Wäsche vergilbt nicht, wenn man sie in* blaues Packpapier *einschlägt.*

☞ *Stoffe werden* wasserdicht, *wenn man sie in eine Alaunlösung legt und dann trocknen läßt. Empfehlenswert für Anoraks und Kinderhosen. Dasselbe erreicht man, wenn man die Kleidungsstücke nach dem Waschen zwei Stunden lang in eine Lösung aus neun Teilen Wasser und einem Teil essigsaurer Tonerde legt.*

☞ Oberleder *wird wasserdicht, wenn man es mehrmals mit Rizinusöl einreibt.*

☞ Speckige Stellen *in schwarzer Seide mit dem Sud von ausgekochtem Tabak auswaschen.*

☞ Glänzende Stellen *aus Stoffen (z.B. Gesäßteile von bereits länger getragenen Hosen) mit Essigwasser ausbürsten.*

☞ Herrenanzüge *reinigt man wie folgt: Nachdem der Anzug von Staub befreit wurde, wird er auf eine glatte Fläche gelegt und mit verdünntem Salmiakgeist und Kochsalz gebürstet. Den Stoff nicht zu naß machen und danach zum Trocknen ins Freie hängen.*

☞ Verschossene Stoffe *lassen sich erstaunlich gut auffrischen, wenn man sie mit einem salmiakgetränkten Tuch bügelt.*

☞ Beim Stärken älterer Gardinen ist es wertvoll, der Stärkelösung einige Blätter Gelatine beizufügen, die vorher in heißem Wasser gelöst wurden.

☞ Zerrissene Gardinen stopft man nicht, sondern plättet ein Stück Ersatzstoff, das man in aufgelöste Stärke tauchte, auf die schadhafte Stelle.

☞ Spanngardinen nach dem Waschen feucht an den Fenstern aufhängen. Sie trocknen dann in den Falten.

☞ Gardinen fangen kein Feuer, wenn man sie nach dem Waschen in einer schwachen Ammoniakphosphatlösung tränkt. Wenig auswringen, dann aufhängen.

☞ Stoffe und Garne lassen sich durch eine Lauge mit grünen Nußschalen oder mit Tabakblättern braun färben.

☞ Eine schöne violette Färbung von Leinen, Wolle und anderen Stoffen erzielt man durch Tränken in Heidelbeersaft.

☞ Tiefrote und blaue Stoffe erhalten ihre ursprüngliche Farbe, indem man sie mit schwachem Sodawasser wäscht.

☞ Falten in zerdrückten Kleidern verlieren sich wieder, wenn man die Kleider in feuchten Kellern aufhängt.

☞ *Schweiß* bekommt man aus Kleidern, wenn man sie zwischen zwei Tüchern plättet, die mit Salmiakgeist getränkt sind. Diesen Vorgang öfter wiederholen.

☞ *Schweißblätter* sollten nur von links auf der Wolldecke gebügelt werden, ohne Bügeltuch zwischen Unterlage und Gegenstand.

☞ *Kunstseide* bügelt man von links mit einem mäßig heißen Eisen.

☞ Das Zerknittern gestärkter *Oberhemden* beim Zuknöpfen wird verhindert, wenn man die Knopflöcher vorher von hinten anfeuchtet.

☞ Es ist vorteilhaft, dem *Stärkewasser* etwas Salz zuzusetzen, dadurch wird das lästige Kleben am Eisen beim Plätten vermieden.

☞ Gestärkte *Kragen*, die an der oberen Kante schwarz werden, glättet man durch Reiben mit einem Stück Stearinkerze.

☞ *Stärkewäsche* muß vor Frost geschützt werden, da sie sich sonst nicht mehr steif bügeln läßt.

☞ Sie beheben *Klammerflecke* in den Wäschestücken, indem Sie die Wäsche 24 Stunden in ein Einweichwasser stecken, dem für jeden Liter ein Eßlöffel Weinsteinsäure zugegeben wurde. Gründlich nachspülen.

☞ *Seidene Spitzen* reinigt man, indem man sie in kalter Seifenflockenlauge leicht ausdrückt, gut spült und, noch feucht, von links bügelt.

☞ *Herrenbinder* wäscht man in einer Lauge von einem Eßlöffel Waschpulver auf zwei Liter kaltem Wasser. Dem letzten Spülwasser etwas Essig zugeben, in einem Frottiertuch trocknen und heiß bügeln.

☞ *Verschmutzte Wäscheleinen* werden um ein Brett gewickelt und mit heißem Seifenwasser abgeschrubbt und nachgespült. Straff trocknen lassen.

☞ *Die Wäscheleine* rollt sich nicht auf, wenn man sie vor dem ersten Gebrauch kocht.

☞ *Milde Waschlaugen* schonen die Wäsche. Stark verschmutzte Stellen mit Seife einreiben! Übermäßiges Reiben, Bürsten oder Wringen schadet nur.

☞ *Farbige Stickereien* weicht man einige Stunden in Buttermilch ein und wäscht sie dann in lauwarmem Seifenwasser.

☞ *Zum Einweichen* immer weiches Wasser verwenden (z.B. Regenwasser). Anderes Wasser immer enthärten.

☞ *Weichspüler* können den empfindlichen Babypo leicht reizen. Sie sollten daher zum letzten Waschgang eine halbe Tasse Natron in die Waschmaschine gießen, so daß die Windeln weich werden und frisch riechen.

☞ Seidene Krawatten wäscht man tadellos mit einer verdünnten Lösung von Schmierseife und Spiritus.

☞ Nehmen Sie für die Seide nur handwarmes Seifenflockenwasser, drücken Sie das Gewebe nur mit der Hand leicht durch, wringen Sie es nicht aus, entfernen Sie das Wasser halbwegs durch Rollen des Stückes in der Hand.

☞ Hart gewordene Handtücher oder Waschlappen werden wieder flauschig, wenn man sie in heißes Essigwasser legt.

☞ Das Ineinanderlaufen der Farbe beim Waschen bunter Stoffe verhüten Sie, indem Sie dem letzten Spülwasser Salz zugeben.

☞ Bunte Flecken, die durch Abfärben entstanden sind, behandelt man mit einer warmen Lösung aus halb Chlor, halb Essig.

☞ Um Flecken beim Färben zu vermeiden, müssen Sie die Wäsche ständig wenden.

☞ Einfarbige Stoffe frischt man herrlich auf, indem man dem letzten Spülwasser einige Tropfen entsprechender Zeichentusche beifügt.

☞ *Ein unschädliches Bleichmittel* ist ein mit Eierschalen gefüllter Müllsack. Einfach mitwaschen.

☞ *Dunkle Stoffe*, die feucht gebügelt werden sollen, unterlegt man mit einigen Blatt Zeitungspapier, wodurch ein etwaiges Abfärben auf die Bügelunterlage vermieden wird.

☞ *Crepestoffe* bügelt man am besten auf einem Frottiertuch.

☞ *Wasser, in dem Reis gekocht wurde*, ist wegen seines Stärkegehaltes im Haushalt sehr wertvoll. Man stärkt in ihm ohne jeden Stärkezusatz *Gardinen* und feine Wäsche.

☞ Damit das Muster nicht heraustritt, bügelt man die *Stickerei* auf einer weichen Unterlage.

☞ *Waschseidene Handschuhe* wäscht man an der Hand mit Seife und lauwarmem Wasser. Nicht spülen. Nach dem Trocknen zieht man sie gerade.

☞ *Wollhandschuhe* reinigt man in lauwarmem Wasser mit etwas Gallseife. Durch Waschen mit heißem Wasser filzen sie. Sie werden wasserdicht, wenn man sie in essigsaure Tonerdelösung taucht.

☞ *Bettwäsche* bewahrt man wie folgt auf: Damit man die Bettwäsche besser stapeln und entnehmen kann, legt man unter jedes Laken ein Stück Papier.

Großmutters Ratschläge für kostbare Materialien

☞ *Lackleder* pflegt man wie folgt: Mit rohem Eiweiß einreiben, einziehen lassen und anschließend mit einem Spezialpflegemittel behandeln.

☞ *Mattes Lackleder* reibt man mit dem Inneren der *Bananenschale* ab und poliert anschließend.

☞ *Lackledertaschen* immer in ein weiches Tuch einpacken, damit sie nicht stumpf werden.

☞ *Blindes Lackleder* mit einer Zwiebel einreiben, anschließend glänzend polieren.

☞ *Schimmelige Lederkleidung* wird wieder wie neu, wenn man sie mit einem Gemisch aus einem Teil Wasser und einem Teil Spiritus abreibt (gilt auch für andere Teile aus Leder).

☞ *Lederwaren* wie Taschen und Koffer werden wie neu, wenn man sie mit *Rizinusöl* einreibt.

☞ *Lederhandschuhe* und *Badekappen* bleiben geschmeidig, wenn man sie ab und zu mit *Talkum* einpudert.

☞ *Weiße Lederhandschuhe* mit Mehl einreiben, dann ausbürsten.

☞ *Schwarze Handtaschen* glänzen, wenn man sie mit *Zitronensaft* abreibt.

☞ *Weiße Ledergürtel* werden wie neu, wenn man sie mit einer Mischung aus geschlagenem Eiweiß und Milch einreibt und danach wieder mit einem wollenen Lappen abreibt.

☞ *Lederhandtaschen* werden wieder sauber, wenn sie mit einer Mischung aus Milch und Terpentinöl abgerieben werden.

☞ *Helle Taschen und Gürtel aus Leder* reibe man mit unverdünnter *Schmierseife* ein und spüle sie mit warmem Wasser und einer weichen Bürste ab, dann werden sie wieder wie neu.

☞ *Farbige Ledergürtel* reinigt man mit heißem Wasser und Hirschhornsalz.

☞ *Veloursleder* muß langsam trocknen (keinesfalls in Heizungsnähe) und anschließend mit einer speziellen Bürste oder einem Gummischwamm behandelt werden.

☞ *Leder* wird nicht brüchig, wenn Sie es ab und zu mit *Rizinusöl* einfetten.

☞ *Seidene Unterwäsche* wird wieder wie neu, wenn man sie mit einem lauwarmen Tee von Efeublättern wäscht. Zum Nachspülen eignet sich Salzwasser, dem ein Schuß Essig zugegeben wird.

☞ *Seide* wäscht man nur in lauwarmem Seifenwasser. Man darf den Stoff nur drücken, nicht reiben. Ausge-

drückt wird Seide durch leichtes Rollen in der Hand. Anschließend wird das Stück in ein Tuch geschlagen und kräftig hin und her gerollt. Sofort bügeln.

☞ *Man legt über die zu bügelnde Seide stets ein weiches, etwas angefeuchtetes Tuch und benutzt nur lauwarme Bügeleisen. Dadurch verhindert man das Brechen der Seide und auch das Einlaufen.*

☞ *Seidenstoffe zum längeren Aufbewahren nicht zusammenfalten, sondern auf einer Papprolle aufrollen, damit sie nicht brüchig werden.*

☞ *Seide behält ihren schönen Glanz, wenn sie in schwachem Zuckerwasser oder einer dünnen Gelatinelösung gespült wird.*

☞ *Schmutziges Seidenfutter in Pelzen bekommt man mit einem in Spiritus getauchten Wattebausch wieder sauber.*

☞ *Schwarze Seide erhält den Glanz durch Waschen in russischem Tee.*

☞ *Waschsamt wasche man vorsichtig in lauwarmem Seifenwasser, ohne ihn zu reiben oder zu drücken. Der getrocknete Samt ist feucht zu bügeln oder zu bürsten.*

☞ *Samt säubert man mit einem weichen Schwamm und Alkohol.*

☞ *Samt* sollte man mit *Petroleum* ausbürsten, damit er wieder klar und strahlend schimmert.

☞ *Samt-* und *Cordkleidungsstücke* dreht man vor dem Waschen auf links, so werden Samt und Cord vor Beschädigung und Abnutzung geschützt.

☞ *Staub* aus Samtkleidern bürstet man leichter heraus, wenn man die Bürste vorher in trockenes Salz taucht.

☞ *Druckstellen* in Samt entferne man über heißem Wasserdampf.

☞ Wenn der *Pelz* naß geworden ist, streicht man ihn in der Richtung, in der die Haare laufen, glatt. Möglichst aber mit einer Bürste, die weiche Borsten hat. Man hängt den Pelz dann zum Trocknen auf, aber nicht in der Nähe eines Ofens oder einer Heizung, da sonst das Leder hart wird und die Haare brechen. Wenn der Pelz dann völlig trocken ist, klopft man ihn mit einem Stab aus und kämmt die Haare einmal mit dem und einmal gegen den Strich. So wird der Pelz wieder locker und gut aussehen.

☞ Der regennasse *Pelz* bleibt schön, wenn er tüchtig ausgeschüttelt wird. Man trocknet ihn in *Zugluft*.

☞ *Neue Winterpelze* riechen oft stark und unangenehm. Ein sehr gutes Mittel dagegen ist, den ganzen Pelz mit feingemahlenem Kaffee zu bestreuen und ihn in ein großes Leinentuch einzuschlagen. Der Kaffee nimmt den Geruch an, und nach einigen Tagen wird das Unangenehme des Pelzgeruches ganz verschwunden sein.

☞ Pelzhaare sind empfindlich und dürfen im Schrank nicht von anderen Kleidungsstücken berührt werden.

☞ Pelze werden gesäubert, indem man sie vorsichtig ausbürstet.

☞ Fette, schmutzige Pelze bestreut man mit heißer, trockener Kleie, reibt diese kräftig ein und bürstet sie wieder ab.

☞ Der Filzhut wird über Wasserdampf in die richtige Form gedrückt. Sie hält danach dauerhaft.

☞ Bei Filzhüten regelmäßig den Staub abwischen, damit es bei Regen keine Flecken gibt.

☞ Zur Reinigung weißer Filzhüte verwendet man eine Paste aus Magnesia und kaltem Wasser, die man mit einem sauberen weichen Pinsel auf den Hut aufträgt. Die Paste bleibt ein paar Stunden darauf und wird dann tüchtig abgebürstet.

☞ Schwarze Filzhüte, die verschossen und unansehnlich geworden sind, bekommen wieder ihre tiefschwarze Färbung zurück, wenn sie in einer Natron- und Ammoniaklösung gewaschen werden.

☞ *Filzhüte* werden wieder farbenfroh, wenn sie mit *Salz* gegen den Strich eingebürstet werden.

☞ *Ein Filzhut* wird zur Reinigung mit leichtem *Salmiakwasser* gebürstet.

☞ *Helle Filzhüte* gewinnen durch Reiben mit zerknülltem Seidenpapier neues Aussehen.

☞ *Ist der weiße Hut grau* geworden, wird er mit *Schwefelpulver* eingepudert und nach einiger Zeit wieder abgebürstet.

☞ *Alte Filzhüte* nicht wegwerfen, sondern nach tüchtigem Waschen als Einlegesohlen verwenden.

☞ *Kunstseidene Kleider* und Unterwäsche dürfen nicht hängend aufbewahrt werden, da sie sonst ihre Form verlieren. Man legt sie vorteilhaft in einen Kasten.

☞ *Lederhandschuhe* bewahrt man vor Durchschwitzen, wenn sie innen mit Talkum eingestreut werden.

☞ *Enge Glacéhandschuhe* weitet man, indem man sie in ein feuchtes Tuch legt und sie dann zum Trocknen über die Hand zieht.

☞ *Handschuhe* halten sich länger an den Spitzen, wenn man ein kleines Klümpchen Watte in sie hineinschiebt.

Großmutters Ratschläge für Kleidung und Textilien

☞ *Wenn es Frühling wird, sollten Sie Ihren Kleider-schrank regelmäßig ausräumen, säubern und sämtliche Garderobenstücke einen Tag lang an der frischen Luft durchatmen lassen. Anschließend werden die Wintersachen aussortiert, je nach Bedarf und Material gewaschen oder in die Reinigung gegeben, gebürstet, geklopft und entfleckt. Den Sommer verbringen sie in Plastiksäcken oder Schränken, gesondert verwahrt.*

☞ *Vergessen Sie den Mottenschutz nicht! Wenn Sie von Anfang an keine verschmutzten Kleidungsstücke in Ihren Schränken dulden, die Sachen regelmäßig lüften und außerdem noch ein Mottenschutzmittel im Schrank haben, droht Ihnen von der munteren Brut kaum Gefahr.*

☞ *Pelze nicht in luftdichten Plastikhüllen unterbringen. Pelze müssen atmen können. Was Sie an Pelzen zu Hause aufheben wollen, stecken Sie am besten in Leinensäcke, wertvolle Stücke gehören zum Kürschner in Verwahrung.*

☞ *Wenn es Herbst wird tauschen Winter- und Sommergarderobe im Schrank wieder die Plätze miteinander. Die Sommersachen werden jetzt gewaschen und gebügelt und weggepackt. Die Wintersachen kommen vor dem Einräumen noch einmal an die Luft, werden aufgebügelt, die Kleider mit neuen Kragengarnituren versehen, die Kindersachen auf den augenblicklichen Wachstumsstand der Sprößlinge gebracht und der Hausherr ermuntert, sich auch wieder einmal ein neues Stück zu kaufen.*

☞ *Vergessen Sie beim Saisonwechsel im Kleiderschrank nicht die* Hüte, Handschuhe *und* Handtaschen. *Auch Hüte müssen regelmäßig entstaubt werden, Handschuhe kommen in die Reinigung oder werden gewaschen. Handtaschen sollten Sie innen ausbürsten, außen mit einem Spezialpflegemittel säubern und polieren. Wenn Sie Handtaschen, die nicht benützt werden, mit Seidenpapier ausstopfen, behalten sie ihre Form doppelt so lang.*

☞ Regenmäntel *sind heute fast durchweg waschbar. Lassen Sie sie aber nicht zu sehr einschmutzen, und hängen Sie sie, ohne zu wringen oder zu schleudern, auf einen Bügel, damit sie ihre Form behalten und keine Knitterfalten bleiben. Die Imprägnierung muß möglicherweise erneuert werden. Regenmäntel aus Gummi oder plastikbeschichtetem Gewebe reinigt man ganz einfach mit einem feuchten Schwamm und Seifenlauge und reibt mit einem sauberen Lappen nach.*

☞ Ledermäntel *gehören in die Reinigung. Kleinere Schmutzflecken können Sie mit einem sauberen Schwamm und leichtem Essigwasser zu entfernen versuchen. Gelegentlich finden Sie Kleidungsstücke aus Wildleder, die man waschen kann. Aber geben Sie diese bitte nicht direkt in die Lauge, sondern waschen Sie sie liegend, mit einer weichen Bürste und Seifenwasser. Spülen Sie auch in derselben Weise, und lassen Sie das Stück im Liegen trocknen. Glanzstellen können mit einer speziellen Gummibürste entfernt werden.*

☞ *Blusen* rutschen nicht vom Bügel, wenn die Bügelenden mit Schaumgummi beklebt werden.

☞ *Kleider* und Unterkleider aus *Kunstseidentrikot* dürfen nicht hängend aufbewahrt werden. Sie dehnen sich sonst sehr leicht und kommen aus der Form. Da sie wenig Platz brauchen und gegen Druck nicht empfindlich sind, legt man sie flach in ein Fach.

☞ *Trägerkleider* rutschen bestimmt nicht mehr vom Bügel, wenn man einen dicken Gummi um jedes Bügelende wickelt.

☞ *Katzenhaare*, die sich auf Kleidungsstücken festgesetzt haben, entfernt man mit einem feuchten Schwamm, den man leicht über die betreffenden Stellen wischt.

☞ *Fussel* kann man von Kleidungsstücken mit Schmirgelpapier entfernen.

☞ *Reißverschlüsse* mit Kerzenwachs auf der linken Seite einreiben. So lassen sich die Reißverschlüsse leichter auf- und zuziehen.

☞ *Reißverschlüsse* klemmen nicht, wenn man sie grundsätzlich vor der Wäsche schließt. Klemmt doch mal einer, die Zacken vorsichtig mit *Bleistift* oder *Fett* einreiben.

☞ *Kleiderbürsten* lassen sich leicht mit dem Staubsauger reinigen.

☞ *Ein Fusselfänger für Wäschetrockner ist ein Stück Nylongewebe. Einfach mittrocknen lassen.*

☞ *Wachstücher bleiben sehr schön und sehen immer wie neu aus, wenn man sie regelmäßig mit kalter Milch abreibt.*

☞ *Wachstuch hält länger, wenn man es ab und zu mit Petroleum abreibt.*

☞ *Um feine Wollarten schonend zu waschen, eignen sich milde Haarshampoos besonders gut. Wichtig ist, daß das Wasser auf keinen Fall warm ist und man außerdem nur kleine Mengen Waschmittel nimmt. Die Stricksachen werden am besten in einem Frotteetuch, das man mehrmals wechseln sollte, ausgedrückt und dann im Liegen getrocknet.*

☞ *Vor dem Waschen von Pullovern oder Stricksachen ist eine Maschenprobe nützlich, um ein Einlaufen zu vermeiden.*

☞ *Baby-Haarshampoo wäscht schonender als die üblichen Waschmittel.*

☞ *Werden Wollsachen in der Waschmaschine gewaschen, steckt man sie am besten in einen Kissenbezug; sie werden dabei nicht so strapaziert.*

☞ *Wollsachen sind in lauwarmer Seifenlauge zu kneten, in lauwarmem Wasser mit Essigzusatz nachzu-*

spülen und auszudrücken. Anschließend lege man sie auf ein Tuch und lasse sie trocknen.

☞ Wollene Kleider und Pullover legt man vor dem Waschen einige Stunden in R e g e n w a s s e r, wodurch das Öl in der Wolle gehalten wird. Dann wäscht man die Kleidungsstücke in Seifenflocken. Sie werden feststellen, daß diese wieder wie neu aussehen.

☞ Schonender als durch häufiges Wechseln läßt sich der unangenehme S c h w e i ß g e r u c h beseitigen, wenn man zwei Tücher mit einer Lösung aus Wasser und Salmiakgeist tränkt, das verschwitzte Kleidungsstück dazwischen legt und mit dem Bügeleisen von beiden Seiten leicht darüber dämpft.

☞ Lästige kleine W o l l k n ö t c h e n (Pilling) die manchmal an Pullis entstehen, sollte man vorsichtig abschneiden. Nicht abreißen, sonst wird die Faser zerstört.

☞ Wenn der A n g o r a p u l l i fusselt, steckt man ihn in eine Plastiktüte und friert ihn ein. Oder man legt ihn drei Stunden vor dem Tragen in einer Plastiktüte in den Kühlschrank; dadurch wird er flauschig-weich und fusselt nicht.

☞ Farbige Wollstoffe erhalten wieder frische Farbe, wenn man sie mit S a l m i a k w a s s e r abbürstet. Auf eine Schüssel Wasser nehme man einen Teelöffel Salmiak.

☞ Wolle und Pelze, die einige Zeit unbenutzt liegen bleiben, mit Pfeffer bestreuen. Das schützt vor Motten.

☞ Wenn der Pulli kratzt, kann man ihn lauwarm in einer leichten Lauge mit mildem Haarshampoo waschen. Dann zehn Minuten in einem Haarkurbad liegen lassen, gründlich ausspülen. Ihr Pulli wird wieder weich und kuschelig.

☞ Kratzende Pullover legt man in ein Tiefkühlfach. Danach sind sie wieder mollig und wohltuend auf der Haut.

☞ Pullover und andere Wollsachen halten sich am besten im Plastikbeutel mit Mottenkugeln.

☞ Wollene Sachen laufen nicht ein, wenn dem lauwarmen Wasser Borax oder Salmiakgeist zugesetzt und keine Seife verwendet wird.

☞ Wollsachen gehen beim Waschen nicht ein, wenn das Wasser mit etwas Glyzerin versetzt wird.

☞ Verfilzte Wollsocken weiche man kalt ein und lasse sie über Nacht stehen. Anschließend in heißer Waschmittellösung durchdrücken und heiß spülen. Zwölf Stunden im Wasser liegen lassen und die noch feuchten Socken heiß in Form bügeln.

☞ *Leicht verfilzte Wollpullis*, die in zu heißem Wasser gewaschen wurden, weiche man in einer Mischung aus lauwarmem Wasser und Haarshampoo ein.

☞ *Strickwolle*, die aufgetrennt ist, wird wieder glatt, indem man sie auf ein Brett wickelt, in warmes Wasser hält, bis sie sich vollgesaugt hat, und dann an der Luft trocknet.

☞ Um ein Ausdehnen von selbstgestrickten *Baumwollpullovern* und -jacken zu verhindern, nähe man in die Schulter- und Seitennähte farblich passende Baumwollbänder mit. So bleiben sie gut in Form.

☞ Bei *Wollkleidern* wird der Ellenbogen nicht so leicht durchgewetzt, wenn man ihn von Anfang an unterlegt.

☞ *Wollhandschuhe* werden wasserdicht, wenn man sie etwa zehn Sekunden lang in essigsaure Tonerde legt und sie naß im Freien zum Trocknen aufhängt.

☞ *Handschuhe* lassen sich an den Fingerspitzen leicht und sauber stopfen, wenn man einen Fingerhut unterlegt.

☞ *Glanzstellen* auf dunklem glattem Wollstoff beseitigt man, indem man diesen mit etwas Kaffee abbürstet. Auch Salmiakgeist, 1:1 mit Wasser verdünnt, ist geeignet. Nachher ein feuchtes Tuch überlegen und bügeln.

☞ Wolldecken nach dem Waschen im Dreieck falten und so auf die Wäscheleine hängen. Nach der Hälfte der Trockenzeit auf die andere Seite legen. Dies verhindert ein Verziehen der vollgesogenen Wolldecke.

☞ Vor Motten schützen kleine kräutergefüllte Leinensäckchen, die zwischen die Wäsche gelegt werden. Folgende Kräuter eignen sich besonders gut: Rainfarn, Waldmeister, Rosmarin, Kampferlorbeer und Raute.

☞ Als Schutz vor Motten ein Säckchen voll Holunderblüten in den Schrank legen.

☞ Zum Schutz gegen Motten empfindliche Wollstücke (besonders die über den Sommer lagernden Winterpullover) in einfach genähten Leinenbeuteln aufbewahren. Zwischen die Wollstücke getrocknete Apfelsinenschalen legen.

☞ Mottenschutzmittel haben meistens einen unangenehmen Geruch. Man mildert ihn, indem man Lavendel, Waldmeister oder sonstige Duftstoffe in die Schränke und Kommoden legt.

☞ Verderben Sie den Kleidermotten den Appetit, indem Sie ein Lavendel- oder Walnußblättersäckchen in den Schrank geben und regelmäßig die Kleider lüften.

☞ Motten bekämpft man auch, wenn man ein Sträußchen Steinklee zwischen die Wäsche legt.

☞ *Pelze* vor Motten schützen kann man, indem man den Pelz mit gepulvertem Alaun bestreut. Das Pulver läßt sich später leicht wieder entfernen.

☞ Gegen Motten hilft es, *Kernseife* zwischen die Wäschestücke zu legen.

☞ *Motten* wagen sich bestimmt nicht an *Wollknäuel*, bei denen der Wollfaden auf eine Mottenkugel gewickelt ist.

☞ *Mottenpapier* jedes halbe Jahr erneuern. Notieren Sie sich als Gedächtnisstütze stets das Datum auf dem Papier.

☞ *Kleidungsstücke* hängt man nach dem Ausziehen auf einen Bügel und an die frische Luft, am besten bei feuchtem Wetter. So hängen sich auch zerdrückte Kleider wieder aus und bleiben in Form.

☞ *Verknitterte Kleidung* hängt sich über einer mit heißem Wasser gefüllten Badewanne wieder aus.

☞ *Auf Reisen* hänge man verknitterte Kleidungsstücke über Nacht im Bad auf. In der feuchten Luft hängen sie sich wieder aus, und Falten und Fältchen werden sichtbar gemildert.

☞ *Zerdrückte Kleidung* hängt sich in feuchter Luft, zum Beispiel im Keller, von selbst wieder aus.

☞ *Krawatten*, die zerknittert und aus der Form geraten sind, ziehe man über eine Pappschablone und halte sie so über Wasserdampf. Das bringt sie wieder in Form.

☞ *Zerknitterte Stricksachen* kann man mit dem Bügeleisen auf folgende Weise glätten: Man legt sie trokken auf ein mit Wassertropfen benetztes Tuch und bügelt dann mit nicht zu heißem Eisen darüber.

☞ *Cordhosen* bekommen keine Knickstellen, wenn sie von links gewaschen und nicht geschleudert werden. Die feuchte Hose nach rechts wenden und bürsten.

☞ *Jeans* sitzen wie angegossen, wenn man sie anzieht und sich damit in die volle Badewanne setzt. Nach einer Weile zieht man sie aus und läßt sie trocknen.

☞ *Hosen* behalten länger ihre Form, wenn sie mit Essigwasser gedämpft werden.

☞ *Herrenhosen* beulen an den Knien nicht aus, wenn man ein Stück Seide, von Naht zu Naht reichend, an der betreffenden Stelle befestigt. Das Stück Seide muß etwas kürzer sein als die Stoffweite des Hosenbeines.

☞ *Badeanzug und -hose*, die im Meer benutzt wurden, sollen mit Süßwasser ausgespült werden, da das Salzwasser das Gewebe angreift.

☞ *Spitzen- und Häkeldeckchen* sprüht man nach dem Spannen mit Haarspray ein, damit sie ihre Form behalten.

☞ *Empfindliche Spitzendeckchen* hefte man vor dem Waschen auf ein kleines Tuch, damit sie sich nicht verziehen und leichter bügeln lassen.

☞ *Lederhandschuhe* glänzen wieder, wenn man sie mit der Innenseite einer Bananenschale abreibt.

☞ *Nappahandschuhe* werden mit etwas Rizinusöl durchgeknetet.

☞ *Handschuhe aus Waschleder* werden angezogen und dann mit Seifenschaum gewaschen.

☞ *Wildlederhandschuhe* werden in lauwarmem Seifenwasser gewaschen, dem etwas Salmiakgeist und Stearinsäure zugesetzt wird. An der Luft trocknen lassen.

☞ *Alte Lederhandschuhe* geben noch *Fingerlinge* für verletzte Finger.

☞ *Zu enge Lederhandschuhe* lassen sich gut ausweiten, wenn sie ein paar Stunden in einem feuchten Tuch gelegen haben.

☞ *Weiße Lederhandschuhe* stäubt man reichlich mit Mehl ein und bürstet den Schmutz dann mit dem Mehl zusammen aus.

☞ *Lederhandschuhe* reibt man nach dem Trocknen mit *Glyzerin* ein.

☞ *Glacéhandschuhe* reinigt man, indem man sie anzieht und mit einem benzingetränkten Wattebausch bearbeitet.

☞ Schmutzige *Anzugkragen* bürstet man mit verdünntem Salmiakgeist (ein Teil auf zehn Teile Wasser) ab und spült mit klarem Wasser nach.

☞ *Stoffbrüche* entfernt man aus *Seide*, indem man sie einfach mit Spiritus befeuchtet.

☞ *Leinen* verwahrt man vorteilhaft in einem innen blau gestrichenen Kasten, da es auf diese Weise nicht gelb wird.

☞ *Bettfedern* weicht man drei bis vier Tage in einer schwachen kohlensauren Natronlösung in Wasser ein. Gut abtropfen lassen, in reinem Wasser nachwaschen und auf Sieben trocknen.

☞ *Schwämme* wäscht man in Salzwasser. Gut nachspülen.

☞ *Bademützen* und *Badeschuhe* streut man im Winter tüchtig mit Talkum ein und wickelt sie in ein Tuch.

Großmutters Ratschläge gegen Flecken

☞ In vielen Fällen gibt man heute angeschmutzte Kleidungsstücke lieber in die chemische Reinigung, als daß man durch unsachgemäße Behandlung etwas daran verdirbt. Es gibt aber auch eine ganze Reihe von F l e c k e n, die mühelos zu entfernen sind. Je frischer ein Fleck, desto größer die Chance, ihn spurenlos zu beseitigen. Unmittelbar nach dem Entstehen entfernt zum Beispiel warmes Wasser die meisten Speiseflecke noch mühelos. Wenn Sie einen Fleck entfernen wollen, legen Sie das Kleidungsstück möglichst auf eine glatte Unterlage. Unter den Fleck selber kommt ein sauberes, mehrfach gefaltetes Tuch, das Sie im Lauf der Behandlung mehrmals verschieben oder erneuern. Der Lappen, mit dem Sie das Fleckenmittel auftragen, muß tadellos sauber sein und ausgewechselt werden, sobald er schmutzig ist. Sanftes Klopfen und Betupfen mit Fleckenmittel ist besser als starkes Reiben.

☞ Fettflecke auf T a p e t e n bestreicht man mit einem dicken Brei aus Ton und Wasser, kratzt ihn nach einem Tag ab und wäscht mit reinem Wasser nach.

☞ Glänzende Flecke in K a m m g a r n s t o f f e n entfernt man, wenn man sie mit einer Lösung Salmiakgeist und Wasser (1:10) tränkt und die Stellen mit einer warm angefeuchteten Bürste bürstet. Mit klarem Wasser nachspülen.

☞ M a r m e l a d e f l e c k e n mit Seifenwasser behandeln; das Mittel einwirken lassen und ausbürsten. Alte Flecken mit Entfärber entfernen.

☞ Ein Mittel gegen vielerlei Fleckenarten auf Textilien ist *Gallseife*.

☞ *Buttermilch* ist ein ausgezeichnetes und unschädliches Mittel zur Fleckenbeseitigung. Kalkflecken in Badewannen und Waschbecken werden zum Beispiel durch Buttermilch entfernt. Außerdem fast alle Obstflekken in Geweben. Ganz einfach die Buttermilch etwas mehr als eine Stunde einwirken lassen und dann auswaschen.

☞ Wenn nichts mehr gegen einen Fleck hilft, versuche man es mit *Zahnpasta*: auftragen, eintrocknen lassen und abbürsten.

☞ Für Wolle oder Seide ist das Kochwasser von *Kartoffeln* als Fleckentfernungsmittel brauchbar.

☞ *Tetrachlorkohlenstoff* ist als Fleckenmittel sehr vielseitig und für Stoffe stets unschädlich. Für den Menschen ist es dagegen hochgiftig. Selbst das Einatmen ist zu vermeiden, da die Leber dadurch geschädigt wird.

☞ Eine *Fleckenapotheke* sollte folgendes enthalten: Benzin, Spiritus, Salmiakgeist, Terpentin, Seifenspiritus, Seifenflocken, pulverisierte Magnesia, Leinen- und Wolltücher, Watte, Schwamm und Bürsten. Alle Fläschchen sind sorgfältig mit dem Inhalt zu beschriften, damit Verwechslungen und somit eine falsche Behandlung ausgeschlossen sind.

☞ *Ein Fleckenwasser kann man wie folgt selbst herstellen: einfaches Kochsalz in Weingeist auflösen. Dieses Fleckenwasser eignet sich zur Entfernung der verschiedensten Flecken.*

☞ *Ein gutes Fleckreinigungsmittel, das man selbst herstellen kann, besteht aus drei Teilen Salmiakgeist, einem Teil Terpentinöl und einem Teil Schwefeläther (feuergefährlich). Statt Schwefeläther läßt sich auch etwas feingestoßenes Kochsalz verwenden.*

☞ *Ein Fleckenmittel läßt sich nach folgendem Rezept selbst herstellen: vier Teile Salmiakgeist, vier Teile Weingeist und ein Teil Salz.*

☞ *Fleckenwasser für allgemeine Anwendung nach folgendem Rezept herstellen: 25 Teile Alkohol, 10 Teile Salmiak und 1 Teil Waschbenzin.*

☞ *Das teurere Fleckensalz kann durch einen Eßlöffel Soda zum Waschpulver ersetzt werden.*

☞ *Beim Ausreiben von Flecken mit Fleckenmitteln immer vom Rand zur Mitte des Flecks vorgehen, damit er sich nicht ausbreitet.*

☞ *Nach der Fleckentfernung mit Salmiak, Terpentin und ähnlich scharfen Mitteln spüle man sehr gut mit Wasser nach, da sonst das Gewebe angegriffern werden kann.*

☞ *Fleckenränder* nach der Behandlung mit einem Fleckenmittel lassen sich vermeiden, wenn man den behandelten Fleck schnell mit einem Fön trocknet.

☞ Sind die *Farben* durch zu intensive Fleckentfernung im Stoff *verblaßt*, wird mit einer Lösung aus einem Teil Essig und zwei Teilen Wasser nachgespült: Das frischt die Farben wieder auf.

☞ Ist durch die Fleckenbehandlung mit Salmiakgeist die betreffende Stelle etwas heller geworden, kann man mit schwachem *Essigwasser* nachhelfen. Die Stelle erhält ihre ursprüngliche Farbe zurück.

☞ Chemisch reines, wasserhelles *Benzin*, sogenanntes Reinigungsbenzin, entfernt alle Fettflecke, gibt aber bisweilen häßliche Ränder. Diese Ränder können meistens vermieden werden, wenn man unter den Stoff ein Stück weißes Löschpapier legt, ehe man mit dem Benzinlappen über den Fleck fährt. Das Fett wird so in das saugfähige Papier eingezogen, und es entstehen keine Ränder.

☞ Durch Behandlung mit Benzin entstehen oft Fleckenränder. Man beugt ihnen vor, indem man die Stelle gleich nach der Behandlung in der *Sonne* trocknen läßt.

☞ Benzinränder in Kleidungsstücken oder Stoffen mit *Terpentinöl* ausreiben.

☞ *Schweißränder* auf Leder mit verdünntem Salmiakgeist behandeln und vorsichtig mit lauwarmem Wasser nachwaschen.

☞ *Schneeränder* an Wildleder mit lauwarmer Feinwaschmittellauge entfernen, mit kaltem Wasser abreiben und die Feuchtigkeit trockentupfen, Schuhe mit Zeitungspapier ausstopfen und trocknen lassen. Anschließend das Leder mit einer Spezialbürste behandeln.

☞ *Schneeränder* an Schuhen entfernt man mit *Zitronensaft*.

☞ *Schnee-* und *Streusalzränder* an Schuhen lassen sich durch Abreiben mit Wasser entfernen. Danach gut einfetten.

☞ *Schneeränder* an Glattlederschuhen lassen sich mit *Petroleum* abreiben.

☞ *Schneeränder* an Wildlederschuhen entfernt man mit *Salz*. Salz einreiben, Schuhe eine Stunde stehen lassen und die Ränder abbürsten.

☞ *Schneeränder* an Lederschuhen reibt man mit der Schnittfläche einer *Zwiebelhälfte* ganz einfach ab.

☞ *Salzränder* an Schuhen reibe man mit *Milch* ab.

☞ *Schneeränder* an Lederschuhen mit Schwamm und *destilliertem Wasser* abreiben.

☞ *Schweißränder* in Kleidungsstücken verlieren ihren Geruch und verschwinden, wenn man die Sachen vor dem Waschen in warmem Essigwasser einweicht.

☞ *Schmutz- und Fettränder an Hemden- und Blusenkragen* vor dem Waschen mit *Babyshampoo* einreiben. Sie werden blitzsauber.

☞ *Fettige Ränder am Stoffkragen* entfernt man mit *Salmiakwasser*, den Seidenkragen reibt man mit *Benzin* ab.

☞ *Gelbe Ränder an Hemd- und Blusenkragen* werden mit *Haarspray* behandelt, das man eintrocknen läßt und ausbürstet.

☞ *Ränder* in der Kleidung, die nach der Reinigung geblieben sind, werden über Dampf (Wasserkessel) gehalten.

☞ *Schmierölflecke* dick mit Margarine oder Butter einreiben, etwa 15 Minuten einwirken lassen. Das zurückgebliebene Fett anschließend entfernen und das Kleidungsstück wie üblich waschen.

☞ *Schmierölflecke* mit *Schweinefett* einreiben und mit Benzin oder Seife nachbehandeln. Schwerlösliche Rückstände mit Terpentin beseitigen.

☞ *Ölfarbflecke*, die angetrocknet sind, müssen mit Schmierseife eingerieben werden, mindestens 24 Stunden *stehen und dann mit Lauge oder Sand gescheuert werden. Möglicherweise ist eine Wiederholung des Vorganges nötig. Jede Ölfarbe läßt sich auch entfernen, wenn die nicht zu alten Flecken mit Terpentinöl getränkt und mit einem Wollappen abgerieben werden.*

☞ *Ölflecke in der Kleidung mit Spülmittel, Zitrone und Butter behandeln.*

☞ *Ein Kernölfleck auf einem Kleidungsstück geht weg, wenn man es unbehandelt in die pralle Sonne legt.*

☞ *Flecke von Wagenschmiere mit Kernseife auswaschen.*

☞ *Wagenschmiere und dergleichen folgendermaßen aus weißem Gewebe entfernen: Den Fleck gut mit Benzin anfeuchten, sofort mit Spülmittel einreiben und handwarm auswaschen.*

☞ *Fettflecke auf Kleidungsstücken entfernt man, indem man Kartoffelstärke darauf streut und nach fünf Minuten wieder abbürstet.*

☞ *Fettflecke auf Gummischürzen reinigt man sofort mit warmem Seifenwasser und spült gut nach. Achtung: Benzin zerstört das Gummi.*

☞ *Fettflecke in derben Stoffen lassen sich mit einer Salmiaklösung entfernen.*

☞ *Gulasch- und Fettflecke sind zwar hartnäckig, aber nicht unbesiegbar. Etwas Spülmittel auf ein feuchtes Tuch geben und den Fleck fest abreiben.*

☞ *Fett- und Terpentinflecken zum Aufweichen mit Butter bestreichen. Die Butter läßt sich dann leicht entfernen.*

☞ *Fettflecke in empfindlichen Stoffen werden mit Terpentin gereinigt.*

☞ *Fettflecke in Kleidungsstücken mit Geschirrspülmittel entfernen.*

☞ *Fettflecke im Seidenkleid, die man sich bei Mahlzeiten zugezogen hat, entfernt man sofort durch Ausreiben mit Kartoffelmehl und Benzin.*

☞ *Fettflecke auf Seide mit einem Feinwaschmittel leicht einreiben, über Nacht liegen lassen und wie gewohnt auswaschen.*

☞ *Fettflecke sauge man mit Mehl oder Schlämmkreide auf und wasche dann das Stück mit Seifenlauge aus.*

☞ *Fettflecke auf sehr empfindlichen Stoffen entfernt man durch Auftragen eines Breies aus Magnesia und Benzin, der nach dem Trocknen abgebürstet wird.*

☞ Fettflecke auf der Kleidung entfernt man mit einem Papiertaschentuch. Man reibt den Fleck sofort ab, und zwar so lange, bis das Taschentuch ganz zerrieben ist. Die winzigen Fusseln saugen das Fett aus dem Gewebe.

☞ Fettflecke mit Babypuder bestreuen, solange sie frisch sind, einwirken lassen und dann ausbürsten.

☞ Fettflecke entfernt man aus Samtstoffen, indem man mit einer halbierten Zwiebel die fleckige Stelle gegen den Strich abreibt, trocknen läßt und von links bügelt.

☞ Fettflecke möglichst sofort mit Roggenmehl einstreuen. Das verhindert, daß sich die Flecken im Stoff festsetzen können.

☞ Bei Fettflecken ist ein einfaches und schnell wirkendes Mittel Pfeifenerde (erhältlich in der Drogerie). Den Fleck mit der Erde vollständig behandeln, nach etwa fünf Minuten die Erde mit einem Tuch entfernen.

☞ Reinigungsbenzin entfernt alle Arten von Fettflecken.

☞ Mit trockenem Salz lassen sich Fett-, Rotwein- und Rußflecke aufsaugen.

☞ Schokolade- und Fettflecke auf Rauhleder behandelt man mit Kartoffelstärke. Aufstreuen, leicht andrücken, einwirken lassen und abklopfen. Vorgang eventuell mehrmals wiederholen.

☞ *Schokoladenflecke* auf weißer Wäsche entfernt man, indem man zuerst mit Seife oder Soda das Wäschestück auswäscht und sie dann wie Fettflecken behandelt mit einer Mischung aus drei Teilen Äther und Alkohol und einem Teil Salmiakgeist.

☞ *Alkoholflecke* immer sofort in einer Mischung aus kaltem Wasser und Glyzerin einweichen und mit Essigwasser nachspülen.

☞ *Kognakflecke* in Seide oder Wolle werden mit erwärmtem Alkohol ausgerieben.

☞ *Bowlenflecke* entfernt man mit warmer Seifenlauge. Für unwaschbare Stoffe kann man verdünnten Salmiakgeist verwenden.

☞ *Rotweinflecke* lassen sich am besten entfernen, indem die Stelle sofort dick mit *Salz* bestreut wird.

☞ *Rotweinflecke* entfernt sofort Weißwein oder Sekt. Die Weißwein- oder Sektflecken lösen sich dann beim Waschen.

☞ *Rotweinflecke* auf Teppichen, Tischdecken usw. übergießt man mit *Selterswasser*.

☞ *Rotweinflecke in buntem Baumwoll- oder Wollstoff mit* Salmiakgeist *auswaschen.*

☞ *Rotweinflecke in weißem Stoff lassen sich mit* Chlorwasser *entfernen.*

☞ *Weinflecke in sehr heiße Milch tauchen und in warmem Seifenwasser auswaschen. Alte Flecken mit stark verdünnter Ammoniaklösung behandeln.*

☞ *Bierflecke auf* Samt *sofort mit einem Tuch abreiben, das entweder mit Salmiakgeist oder mit Weingeist getränkt ist. Den Stoff zum Trocknen der Fasern mit der Rückseite auf ein Dampfbügeleisen halten.*

☞ *Bierflecke beseitigt man aus einem sauberen Tischtuch dadurch, daß man eine flache Schale darunter stellt und siedendes Wasser auf den Fleck gießt. Bei Wolle Fleckenseifenlösung und danach Salmiakwasser anwenden. Bei weißen Wollstoffen etwas Soda zusetzen. Bei Seide 50 Prozent Spiritus und 50 Prozent Wasser verwenden.*

☞ *Starke Bierflecke mit* Seifenspiritus *entfernen.*

☞ *Bierflecke aus Leinenwäsche mit lauwarmem Salmiakwasser entfernen. Aus Wolle und Seide mit einer Mischung aus Wasser und Spiritus (gemischt im Verhältnis 1:1) entfernen.*

☞ *Bierflecke entfernt man mit einer Mischung aus* Wasser *und* Spiritus *zu gleichen Teilen. Die Flek-*

ken damit betupfen und das Kleidungsstück auf ein saug-
fähiges Tuch legen. Danach mit dem Bügeleisen richtig
trocken dämpfen.

☞ *Alte Likörflecke* werden erst mit verdünntem
Spiritus behandelt. Den Rest des Fleckes entfernt man mit einer Mischung aus Wasserstoffsuperoxyd und Salmiakgeist.

☞ *Frische Likörflecke* sofort in heißes Wasser
legen, so verschwinden sie schnell.

☞ *Kommen Kaffeeflecke* in die Tischdecke, legen
Sie die Decke sofort in kaltes Salzwasser.

☞ *Kaffeeflecke* wäscht man mit lauwarmem *Boraxwasser* aus.

☞ *Kaffeeflecke* verschwinden auf den Kleidungsstük-
ken, wenn man diese vor und nach dem Waschen mit
Glyzerin einreibt.

☞ *Kaffeeflecke* auf *Kochwäsche* über ein großes
Gefäß spannen und mit kochendheißem Wasser begießen,
bis sie verschwunden sind.

☞ *Teeflecke* mit Glyzerin behandeln und mit klarem Wasser ausspülen.

☞ *Kakaoflecke* werden mit Wasser beseitigt, dem
einige Tropfen Salmiakgeist zugesetzt werden. Man

wäscht den Fleck aus und reibt mit einem sauberen, trokkenen Tuch nach. Wenn das ganze Stück gewaschen werden soll, legt man es zur Auffrischung in Wasser, dem Essig zugesetzt wurde.

☞ Kakao-, Kaffee- und Schokoladeflecke werden eingeweicht und dann mit einer Mischung aus verdünntem Glyzerin behandelt. Nach einigen Minuten gründlich ausreiben und dann auswaschen.

☞ Milchflecke wasche man immer sofort mit kaltem Wasser aus.

☞ Milchflecke in waschbaren Stoffen entfernt man mit warmem Seifenwasser. Ansonsten mit einer Mischung aus einem Teil Terpentinöl und zwei Teilen Zitronensaft.

☞ Frische Milch- und Soßenflecke mit verdünntem Spiritus behandeln.

☞ Eisflecke etwa eine halbe Stunde in kaltem Wasser einweichen, den Fleck mit flüssigem Waschmittel einreiben und anschließend auswaschen.

☞ Flecke von Fruchtsaft möglichst sofort behandeln. Streuen Sie Salz auf den Fleck, anschließend mit heißem Wasser auswaschen. Weiße Stoffe können Sie auch mit Zitronensaft behandeln.

☞ *Obstflecke* mit dem Kochwasser von weißen Bohnen betupfen und dann in Buttermilch mit Zitronensaft einweichen. Man kann das Wäschestück auch auswaschen.

☞ *Kirschflecke* in Seifenlauge waschen und dann in Milch legen, bis sie verschwunden sind.

☞ *Obstflecke* bei Leinen, Wolle, Baumwolle mit *Zitronensaft* beträufeln und mit Seifenwasser nachwaschen. Bei Seide und Kunstseide mit lauwarmem Boraxwasser ausreiben.

☞ *Obstflecke* vor dem Waschen mit *saurer Milch* behandeln.

☞ *Obstflecke* auf dem *Tischzeug* entfernt man leicht, indem man kochendes Wasser aus ziemlicher Höhe in dünnem Strahl über den Fleck gießt.

☞ *Obst- und Rotweinflecke* werden mit einem Brei aus *Chlorkalk* und *Wasser* gereinigt, dann mit Essig und zum Schluß mit Wasser gut auswaschen.

☞ *Obst- und Farbflecke* in *Buttermilch* einweichen, dann zunächst mit kaltem und später mit heißem Wasser ausspülen.

☞ *Heidelbeerflecke* lassen sich gut mit Joghurt, Buttermilch oder saurer Milch beseitigen. Den Fleck dick mit einem der Milchprodukte bestreichen, ein bis zwei Stunden einwirken lassen und anschließend mit dem üblichen Waschprogramm waschen.

☞ Bei Blaubeerflecken betupft man die betreffende Stelle mehrmals mit Wasserstoffsuperoxyd und spült dann kalt nach. Blaubeerflecke sind sehr hartnäckig.

☞ Erdbeerflecke entfernt man, indem man den Fleck in Chlorwasser oder Boraxlösung aufweicht und in klarem Wasser nachspült. Alte Flecken weicht man in Boraxlösung mit Salmiakzusatz ein.

☞ Kirschflecke begießt man mit kochendem Wasser und betupft sie dann mit Wasserstoffsuperoxyd.

☞ Ananasflecke in Seide können durch Befeuchtung mit klarem Wasser und anschließende Auswaschung mit Gallseife entfernt werden.

☞ Apfelsinenflecke weicht man mit etwas Glyzerin auf und spült mit lauwarmem Wasser nach.

☞ Pfirsichflecke entfernt man mit Glyzerin – einreiben, einwirken lassen, dann mit Feinwaschmittel waschen.

☞ Karottenflecke verschwinden, wenn man das Kleidungsstück feucht in die Sonne legt und trocknen läßt oder den frischen Fleck sofort mit Schmierseife ein-

weicht und dann das Kleidungsstück normal in der Waschmaschine wäscht.

☞ Auf Karottenflecke in Babywäsche gleich etwas
Babyöl geben und dann ganz normal waschen – die
Flecken verschwinden in der Regel vollständig.

☞ Zum Entfernen der Möhrenflecke den Stoff einige
Stunden ins Miltonbad (Baby-Flaschenreiniger) legen.

☞ Spinatflecke sollten Sie zuerst mit einer rohen
Kartoffel bearbeiten. Der normale Waschgang allein wird
den Fleck kaum beseitigen können.

☞ Tomatenflecke in weißen Stoffen behandelt
man sofort mit warmem Seifenwasser.

☞ Rotkrautflecke auf Kleidern bekommt man
raus, indem man den Fleck trocken mit Salz abreibt, das
Salz einziehen läßt und dann auswäscht.

☞ Joghurtflecke erst antrocknen lassen, bevor sie
gut ausgebürstet und mit lauwarmem Wasser nachgewa-
schen werden. Reste mit Benzin entfernen.

☞ Honigflecke mit lauwarmem Wasser abtupfen
und entsprechend der Stoffart vorsichtig aufbügeln.

☞ Lebertranflecke in der Wäsche beseitigt man
leicht durch wiederholte Anwendung von Terpentinöl und

warmem Seifenwasser. Es empfiehlt sich, die so behandelte Wäsche in der Sonne zu bleichen.

☞ **Senfflecke** mit dem Saft einer frischen Zwiebel einreiben, dann wie üblich waschen.

☞ **Eiflecke** zunächst eintrocknen lassen und dann ausbürsten. Bei verschiedenen Stoffen empfiehlt Großmutter noch folgende Nachbehandlungen: Wolle: Bei alten Eiflecken vor dem Waschen mit Glyzerin einweichen. Teppiche: Den Fleck mit Seifenschaum abreiben und mit einem angefeuchteten Tuch nachwischen. Farbige Stoffe: Nachdem der Eifleck getrocknet und ausgebürstet ist, mit stark verdünntem Salmiakgeist spülen. Weiße Stoffe: Den frischen Fleck mit angefeuchtetem Salz abreiben und dann das Stück mit warmem Wasser waschen.

☞ **Eiweißflecke** werden kalt ausgewaschen, damit das Eiweiß nicht gerinnt.

☞ **Essigflecke** behandelt man mit einer Mischung aus einem Teil Salmiakgeist und drei Teilen Wasser.

☞ **Salzsäureflecke** lassen sich durch Salmiakgeist entfernen, danach ist tüchtig mit Wasser nachzuspülen.

☞ Man behandelt **Säureflecke** mit Pottasche, Sodalösung, Salmiakgeist und stark verdünnter Alaunlösung. Meistens wird aber durch die Säure das Gewebe zerstört.

☞ **Waschblauflecke** mit Essigwasser einweichen.

☞ **Tintenflecke** auf Wollstoffen wäscht man mit Milch und entfernt sie durch Reiben mit Weingeist.

☞ Alte Tintenflecke bestreicht man mit **Oxalsalbe**, die die Flecke braun werden läßt. Sie lassen sich dann mit Wasser auswaschen.

☞ Tintenflecke können ein großes Problem sein. Großmutter empfiehlt folgendes altes Hausmittel: Den Fleck entweder mit **Rhabarbersaft** oder mit **Erdbeeren** vorbehandeln.

☞ Frische Tintenflecke werden in heißem **Salzwasser** gewaschen und mit Spiritus nachbehandelt.

☞ Tintenflecke auf weißer Wäsche entfernt man mit **Zitronensaft**. Es kommt dabei ganz auf die Schärfe der Tinte und auf das Alter des Flecks an. Der fleckige Stoffteil bleibt einige Zeit in dem Zitronensaft liegen. Nötigenfalls wiederholen. Eventuell zurückbleibende gelbe Flecken kann man mit Kleesalzlösung entfernen. Auch die nächste normale Wäsche hilft noch, die allerletzten Spuren zu beseitigen.

☞ **Kleesalzlösung** entfernen: Eine Messerspitze auf 1/16 Liter siedendes Wasser geben. Hernach gut mit Seife auswaschen. (Vorsicht, Gift!)

☞ Das Entfernen von Tintenflecken auf Wachstuch, anderen Stoffen und von den Händen ist möglich, indem man den Fleck mit einer Prise Weinsteinsäure befeuchtet. Der Fleck rötet sich dabei. Bei tüchtigem Nachspülen verschwindet er gänzlich. Wasser darf man aber vorher nicht anwenden.

☞ Bei Flecken von Kugelschreibern nimmt man reinen Alkohol oder auch Kölnisch Wasser und putzt damit die Flecken aus.

☞ Frische Kugelschreiberflecke entfernt man mit Rasierwasser.

☞ Kugelschreiberflecke mit Spiritus oder mit einer Lösung behandeln, die zu gleichen Teilen aus Essig und Spiritus besteht.

☞ Kopierstiftflecke entfernt man aus weißer Wäsche sofort mit einer Mischung aus drei Eßlöffeln Brennspiritus und einem halben Teelöffel Salzsäure; in kaltem Wasser gut nachspülen.

☞ Kopierstiftflecke nicht anfeuchten, sondern in Spiritus, Äther oder Azeton einweichen – zurückbleibendes Graphit mit Seifenwasser auswaschen.

☞ Stempelfarbflecke mit Zitrone und Salz einreiben. Wirken lassen und dann auswaschen.

☞ *Flecke von Farbbändern der Schreibmaschine mit Spiritus entfernen.*

☞ *Kaugummi in Kleidungsstücken so lange mit einem Eiswürfel bestreichen, bis es hart geworden ist, dann vom Kleidungsstück abziehen. Oder auch das ganze Kleidungsstück in den Kühlschrank oder die Gefriertruhe legen, um das Kaugummi zu härten.*

☞ *Kaugummiflecke mit Benzol betupfen und entfernen. Die eventuell entstandenen Fettflecken können mit Schaumreiniger beseitigt werden.*

☞ *Wachsflecke auf kostbarer Seide entfernt man mit dem Fön. Das Kleidungsstück wird auf einen Bügel gehängt. Dann hält man ein Löschblatt auf den Fleck und erwärmt das Wachs mit einem heißen Haarfön. Verbleibt am Schluß noch ein kleiner Fleck, entfernt man ihn mit Waschbenzin.*

☞ *Kerzen- und Wachsflecke entfernt man, indem man ein Löschpapier auf und eines unter den Fleck legt und mit dem erhitzten Bügeleisen darüberbügelt. Wenn kein Bügeleisen zur Hand ist, kann man auch ein heiß gemachtes Messer benutzen.*

☞ *Wachsflecke an der Oberfläche vorsichtig entfernen, die Farbflecken mit heißem Essigwasser behandeln und das Wäschestück auswaschen.*

☞ *Harzflecke* in farbigen Stoffen reibt man mit Zitronenöl oder gereinigtem Terpentinöl ein und reibt dann so lange mit Flanell, bis die Flecken verschwunden sind. Dann wäscht man mit Wasser nach, in dem etwas Rindsgalle aufgelöst ist. Auch Benzin oder Spiritus lösen das Harz. Seidenstoffe sind dann mit Gallseife auszuwaschen.

☞ *Hartnäckiger Alleskleber* auf Ihrer Kleidung läßt sich leicht entfernen. Legen Sie einen mit Spiritus getränkten Wattebausch auf die betreffende Stelle. Wenn sich der Fleck gelöst hat, können Sie ihn mit einem Löschblatt abheben.

☞ *Uhuflecke* bekommt man mit Nagellackentferner wieder weg.

☞ *Tischlerleim* in Textilien kann in warmem Essigwasser ausgewaschen werden. Kurze Zeit darin liegen lassen.

☞ *Lackflecke* sind grundsätzlich vor der Wäsche zu entfernen.

☞ *Teer- und Wagenschmierflecke* werden mit Schweinefett fest eingerieben und mit Seife oder Benzin nachgerieben. Schwerlösliche Rückstände mit Terpentin einreiben und mit Wasser auswaschen. Bei empfindlichen Stoffen reibt man die Flecken mit Eigelb ein und spült mit lauwarmem Wasser nach.

☞ Einige Tropfen *Glyzerin* auf Teerflecke geben und mit heißem Wasser gut auswaschen.

☞ Teerflecke in Kleidungsstücken mit *Terpentin* aufweichen, mit Benzin oder Spiritus ausreiben und dann gründlich auswaschen.

☞ Teer-, Harz- und Schuhcremeflecke entfernt man mit guter *Butter* aus der Kleidung.

☞ Teerflecke lassen sich mit *Bohnerwachs* (sogar) von Schuhen entfernen.

☞ *Schuhcremeflecke* mit *Terpentin* entfernen. Flecken von schwarzer Schuhcreme mit mangansaurem Kali nachbehandeln – · anschließend noch mal waschen.

☞ Schuhcremeflecke mit *Seifenspiritus* einreiben und mit einem in Salmiakgeist getränkten Tuch nachreiben. Dann mit klarem Wasser nachspülen.

☞ *Salzflecke* auf Lederschuhen mit etwas Milch einreiben.

☞ *Regenflecke* in Stoffen, die nicht gewaschen werden dürfen, mit einer Bürste reinigen, die mit Salmiakgeist befeuchtet wurde, und mit einem feuchten Tuch nachreiben.

☞ *Wasserflecke* beseitigt man durch Abreiben mit einer lauwarmen Mischung aus einem Teil Spiritus und zwei Teilen Wasser. Dann heiß bügeln.

☞ *Wasserflecke auf Lederschuhen*, besonders die Rückstände von Schneewasser, kann man entfernen, indem man die Schuhe vor dem Putzen mit einer halbierten Zwiebel abreibt.

☞ *Wasserflecke an Kleidern*, wie sie *Regen* hinterläßt, verschwinden durch Überbügeln mit einem feuchten Tuch.

☞ *Flecke an Wildlederschuhen* reibt man mit feinem Sandpapier ab und behandelt die Schuhe – wie üblich – mit Puder nach.

☞ *Flecke auf dem Gummimantel* mit Tetrachlorkohlenstoff behandeln. Die Behandlung mit Benzin oder Terpentin bleibt bei Gummimänteln ohne Erfolg.

☞ *Tabakflecke* auf weißen Taschentüchern gehen heraus, indem man die Flecken nach der Wäsche mit Eidotter und Spiritus einreibt, eine Stunde liegen läßt und dann die fleckigen Stellen erst in gewöhnlichem Branntwein, dann in heißem Wasser gut auswäscht. Zuletzt müssen die Taschentücher in kaltem Wasser gespült werden.

☞ *Leichte Brandflecke*, beispielsweise in Tischtüchern, verschwinden, wenn man rohe geschälte Zwiebelstücke auflegt. Wirksam ist auch, die Flecken mit Essigwasser oder Zitronensaft zu beträufeln und dann gut auszuwaschen.

☞ *Brandflecke* entfernt man mit *Chlorbleiche:* Zehn Gramm in 90 Milliliter heißem Wasser auflösen – gut nachspülen.

☞ *Brandflecke aus weißer Wäsche* werden beseitigt, indem man dieselben mit kaltem Wasser anfeuchtet, mit *Salz* bestreut und in die Sonne legt. Nach einigen Stunden sind die Flecken verschwunden.

☞ *Bronzeflecke* zu beseitigen gelingt, wenn man die Stelle in Terpentinöl oder Benzinoform einweicht. Nachher leicht reiben.

☞ *Rostflecke* mit Zitronensaft entfernen und das Wäschestück dann über Wasserdampf halten oder fluorhaltige Zahncreme verwenden.

☞ *Leichte Rostflecke in der Wäsche* betupft man mit *Zitronensaft.* Danach bügelt man die Stelle heiß über.

☞ *Rostflecke* mit *Backpulver* behandeln: Den Fleck anfeuchten und mit Backpulver einreiben, danach das Wäschestück ganz normal waschen.

☞ *Rußflecke* bitte nie naß auswaschen. Salz daraufstreuen, einwirken lassen und danach gut ausbürsten.

☞ *Rußflecken* werden durch Abtupfen und Reiben mit weichem *Brot* entfernt.

☞ *Schimmelflecke auf Leder* zuerst mit frischem Brot abwischen und dann mit einem Wolltuch nachreiben. Um neuerliche Fleckbildung zu verhindern, das Leder mit konzentrierter Kochsalzlösung behandeln, die am folgenden Tag mit Glyzerin abgerieben wird.

☞ *Schimmelflecke* entfernt man mit Wasser und Seife und darauffolgender Sonnenbleiche.

☞ *Schimmelflecke auf Leder* beseitigt man mit *Holzessig*. Danach das Leder gut einfetten.

☞ *Fliegenflecke* entfernt man mit destilliertem Wasser und erhitztem Spiritus. Den Spiritus aber nicht auf die Flamme, sondern nur in heißem Wasser, abseits des Herdes, erwärmen.

☞ *Fliegen-* oder *Vogeldreck* entfernt man von Stoffen mit einem Tuch, das mit Petroleum angefeuchtet wurde. Sofort trocken nachreiben.

☞ Flecken von *Vogeldreck* aus weißen Stoffen mit warmem Salmiakwasser entfernen. Bei bunten Stoffen empfiehlt sich dagegen Waschbenzin.

☞ *Parfümflecke* mit dem Sud der Quillajarinde betupfen.

☞ *Parfümflecke* entfernt man mit *Seifenspiritus.*

☞ *Make-up-Flecke* auf dunkler Kleidung mit *Brot* sanft abreiben.

☞ *Lippenstiftflecke* in Baumwollstoffen mit Waschbenzin oder Fleckenwasser entfernen.

☞ *Lippenstiftflecke* mit *Glyzerin* einreiben und einweichen lassen. Dann den Stoff wie gewohnt waschen.

☞ *Medizinflecke* lassen sich meist mit kaltem Wasser auswaschen.

☞ *Bei Stockflecken* in Glacéhandschuhen legt man den aufgeblasenen Handschuh einige Tage in eine Büchse, in die man zuvor Hirschhornsalz gegeben hat.

☞ *Besonders hartnäckige Stockflecke* behandelt man durch häufiges Betupfen mit verdünntem *Salmiakgeist.*

☞ *Stockflecke* in der Wäsche in verdünnten *Essig* oder in *saure Milch* eintauchen, dann normal waschen.

☞ *Stockflecke* können vermieden werden. Bügelfrische Wäsche an der Luft liegen lassen, bis sie völlig trokken ist.

Stichwortverzeichnis